KB268962

파워블로거 광파리의 IT 이야기

블로그 콘서트

파워블로거 광파리의 IT 이야기

블로그 콘서트

김광현 지음

한국경제신문

IT는 우리가 숨 쉬는 공기와 같은 것

_ KT 사장 남중수

IT라는 용어는 등장한 지 10여 년밖에 되지 않았지만, 이제는 너무나 익숙한 단어가 되었다. 우리가 날마다 쓰는 인터넷과 휴대전화를 포함해 유비쿼터스, IPTV, DMB, u-City 등도 모두 IT분야에 속한다. 이 중에는 매일 마시는 물처럼 없어서는 안 될 생활의 일부로 자리 잡은 것도 있고, 공상과학에 나오는 별나라 이야기처럼 낯선 것도 있다.

익숙하든 익숙하지 않든 IT는 우리의 삶 깊숙이 들어와 있다. 그런데도 여전히 IT라는 단어를 두려워하는 사람이 많다. 새로운 전문용어가 쏟아져 나오다 보니 정도만 다를 뿐 누구나 두려움을 갖고 있는 것인지도 모르겠다. 이러다가 세상의 흐름을 따라가지 못하게 되는 것은 아닐까 하는 불안감마저 생기기도 한다.

《블로그 콘서트》는 갈수록 복잡해지는 IT 세계를 옆집 아저씨 같은 친근한 말투로 쉽고 재미있게 설명해준다. IT는 별다른 게 아니라 우리가 숨 쉬는 공기 같은 것이라고 느끼게 해주면서 IT에 대한 두려움을 호기심으로 바꿔준다. 그리고 마지막 책장을 덮을 무렵에는 이 호기심이 친근감으로 변하게 될 것이다.

자고로 "아는 것은 좋아하는 것만 못하고, 좋아하는 것은 즐기는 것만 못하다"고 했다. 《블로그 콘서트》는 IT를 이해하는 데 도움을 줄 뿐만 아니라 여러분을 IT 발전을 즐길 줄 아는 IT 전문가로 탈바꿈시켜 줄 것이다.

멈추지 않는 IT 세레나데를 위하여

_ SK텔레콤 사장 김신배

유교의 오경五經 중 하나인 예기禮記의 곡례曲禮 편에는 나이 20세를 '비로소 갓을 쓰는 약관弱冠' 이라고 칭했다. 갓을 쓴다는 말은 성례 때 관을 쓰는 원복식을 행했던 데서 유래한 것으로, 드디어 어른으로 인정받는다는 의미를 담고 있다.

내가 아는 저자는 기자 생활을 시작한 이래 20년이라는 약관의 세월 동안 한국 IT산업 발전과 궤적을 같이했다. 그의 IT 사랑은 글에도 잘 나타나 있다. 블로그에 쓴 첫 글의 제목은 'IT 세레나데' 다. 그는 이 글에서 IT 바닥을 떠날 수 없는 심정을 털어놓으며 블로그를 통해 글로벌 IT 동향을 소개하는 것으로 봉사하겠다고 밝혔다.

그동안 신문과 블로그를 통해 접해온 저자의 글에는 촌철살인寸

鐵殺人 하는 재기才氣 대신 장강유수長江流水 같은 깊이와 연륜이 묻어 있었다. 그래서 나는 항상 그의 글에서 깨달음이나 경영에 필요한 아이디어를 얻곤 했다.

이 책에는 IT업계와 정부 부처 등을 두루 출입하며 쌓은 경륜이 고스란히 녹아 있다. 또 단순히 글로벌 IT산업 동향을 전하는 데 그치지 않고 우리가 직면한 문제점까지 돌아보게 한다. 이 책이 IT업계 종사자들에게 희망과 인사이트를 줄 것이라 믿으며, 저자가 한국 IT산업을 지키는 파수꾼으로서 계속 활약하길 기대한다.

IT산업의 새로운 세계

_ LG텔레콤 사장 정일재

필자가 IT 관련 책을 준비하고 있다는 소식을 들었을 때부터 기대가 컸다. 20년 기자 생활의 절반 이상을 IT분야에서 열정을 바쳐 뛰었다는 사실을 잘 알기 때문이다. 기대는 빗나가지 않았다. 이 책에는 국내외 IT산업의 변화를 소개하는 그의 해박한 지식은 물론 우리나라 IT산업에 대한 뜨거운 애정과 질책도 담겨 있다.

단순히 IT분야의 글로벌 트렌드를 번역한 책이라면 딱딱하고 재미가 없겠지만, 이 책은 어려운 이야기를 쉽게 풀었기 때문에 누구나 부담 없이 읽을 수 있다. 특히 IT업계 종사자들에겐 미래에 대한 통찰력을 제공할 것이다. 일반인도 이 책을 읽고 나면 IT를 보는 시야가 확 넓어질 것이라 믿는다.

정보통신의 변화와 속도

_LG전자 MC사업본부장 안승권

나는 가끔 '이야기꾼'의 재능을 갖고 싶을 때가 있다. 아무 재미도 없어 보이는 것을 재미있게 얘기해 남들을 즐겁게 만드는 재주가 있다면 얼마나 좋을까 하는 생각을 하곤 한다. 특히 내가 몸담고 있는 정보통신업계의 동향이나 소식을 재미있게 얘기해주고 싶을 때면 이 생각은 한층 더 강렬해진다. 세상이 어떻게 변하고 있는지 사람들에게 알려주고 싶기 때문이다.

아쉽게도 나는 이야기꾼의 재능을 가지고 있지 않는 것 같다. 그래서 틈만 나면 이야기꾼들을 찾아다닌다. 이들이 쓴 글을 읽기도 하고, 직접 만나 얘기를 나누기도 한다. 이 과정에서 만난 한국경제신문 김광현 부장은 내가 가장 좋아하는 이야기꾼 중 한 사람이다.

《블로그 콘서트》는 한마디로 쉽다. 머리 아픈 IT, 그것도 해외 이야기를 쉽고 재미있게 들려준다. 오랜 기자 생활로 '내가 말하고 싶은 것'보다 '남이 듣고 싶어할 만한 것'을 이야기하는 데 익숙해졌기 때문이 아닐까 싶다. 글로벌 IT 소식을 일상생활에 접목해 풀어나감으로써 친근감을 더해주는 것도 그의 글이 가진 매력이다.

하지만 그의 글을 좋아하는 가장 큰 이유는 '애정'이다. 글을 쓰는 대상에 대한 애정이 있고, 독자에 대한 세심한 배려가 있다. 그래서 어려운 주제를 다룬 글도 티타임에 나누는 가벼운 대화 같은 느낌을 준다.

블로그에 올린 이야기를 책으로 볼 수 있게 돼 기쁘다. 정보통신에 대한 안목을 넓히고 세상의 달라진 모습을 엿본다는 생각으로 읽어도 좋을 것 같다.

'광파리 이야기'를 책으로 내면서

한경닷컴에 '광파리의 글로벌 IT 이야기(blog.hankyung.com/kim215)'란 블로그를 개설한 지 석 달이 지났네요. 이 짧은 기간에 광파리는 놀랍도록 많이 성장한 것 같습니다. 초기에는 객기를 부리다가 네티즌들한테 준엄한 꾸지람을 듣기도 했고, 때로는 시각이 비뚤어졌다며 야단을 맞기도 했습니다.

네티즌들의 이런 반응은 저에게는 많은 도움이 됐습니다. 무슨 사안이든 좀더 넓게 보고 좀더 깊이 들여다봐야 한다는 사실을 절감했지요. 또 각자 처한 상황에 따라 생각이 많이 다르다는 것도 확인했고요. 한국경제신문 데스크 시절, 독자도 모른 채 신문을 만들었던 것은 아닌지 반성도 많이 했습니다.

특히 블로고스피어Blogsphere(블로그 세상)의 민주주의와 집단지성에 깜짝 놀랐습니다. 제 글에서 부족한 부분은 네티즌들이 보완해주곤 했습니다. 블로고스피어에서는 블로거 개인의 생각이 전부가 아니구나. 블로거가 쓴 글은 절반에 불과하고 나머지 절반은 독자들이 채우는구나. 이런 생각을 하게 된 것이지요.

블로그 방문자수가 늘어나자 IT업계 지인 몇 분이 "책을 내지 그러느냐"고 하시더군요. 처음엔 "그게 뭐 대단하다고 책을 내느냐"고 했는데, 곰곰이 생각해보니 정보를 공유하는 것도 괜찮겠다 싶었습니다. 글로벌 IT 동향을 정리한 글이라서 IT업계 종사자들에게 조금이나마 도움이 될 수 있으리라 생각한 것입니다.

물론 이 책 한 권만으로 글로벌 동향을 속속들이 알 수 있다고 하기는 어렵습니다. 가령 빌 게이츠Bill Gates 마이크로소프트Microsoft 회장의 퇴진에 관해서는 한 꼭지도 쓰지 않았습니다. 이미 여러 매체에서 많이 다뤘기 때문이었죠. 하지만 이번에 책으로 엮은 51개의 이야기만 읽어도 큰 트렌드는 파악할 수 있을 것이라고 생각합니다.

덧붙이자면 IT에 관한 한 저는 제너럴리스트일 뿐입니다. 스페셜리스트가 보기엔 미흡한 점이 많을 겁니다. 댓글이 다소나마 이를 보완해줄 것이라고 생각합니다.

그리고 일부 댓글을 허락받지 않고 책에 포함시킨 데 대해 네티즌 여러분께 양해를 구합니다. 댓글이 빠지면 제 글이 불완전하다고 생각해서 그렇게 했습니다.

책에는 블로그에 썼던 글을 대부분 그대로 실었습니다. 문법, 표준말, 띄어쓰기 등은 그다지 따지지 않았고요. 블로그 느낌을 살리기 위해 때로는 사투리도 그대로 살렸습니다. 댓글은 본문을 보완해주는 내용 위주로 골랐는데, 필요에 따라 앞뒤나 중간을 생략하기도 했습니다. 이 점에 대해서도 양해를 구합니다.

광파리 이야기는 계속됩니다. 앞으로도 사랑해 주십시오.

2008년 7월

광파리 김광현(khkim@hankyung.com)

통신

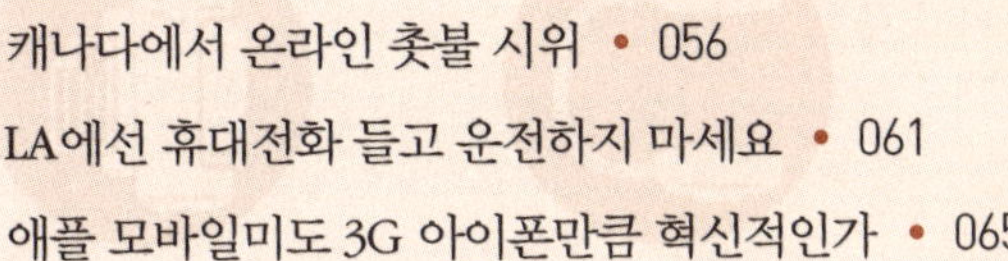

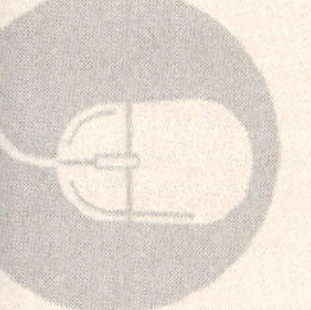

휴대전화

컴퓨터 · 단말기

게임

인터넷

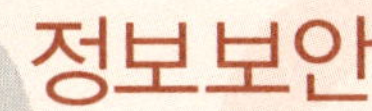

정보보안

기타

| 프롤로그 |

IT 세레나데

광파리는 너무했습니다. 2004년 3월부터 2008년 2월까지, 한국경제신문 IT부장을 4년이나 했으니까요. 기획부장 발령을 받고 편집국을 떠날 때는 시원섭섭했습니다. 결국 떠나는구나. 오래도 했지. 후배들이 얼마나 욕했을까.

그런데 답답하더군요. 신문사 기획부장이라……. 기사만 쓰던 사람이 과연 할 수 있을까? 두어 달이 지나면서 이런 생각이 들더군요. 광파리는 IT를 아주 떠날 수는 없겠다. 기자 생활 절반을 IT 언저리에서 했는데 갈 곳이 IT 말고 있겠는가. 뭐 이런 거죠. 게다가 제가 하는 기획 일도 IT랑 관련이 많거든요.

한때는 IT에 미치다시피 했지요. IT란 용어가 국내에 알려지지도 않은 1994년에 IT 관련 번역서까지 낼 정도였으니까요. 재미가 없어서 쪽박 찼죠. 1993년엔 《멀티미디어 신산업혁명》이란 책도 썼어요. 제목이 촌스러워 그때도 재미 못 봤어요.

IT 바닥에 남기로 한 데는 나름대로 이유가 있습니다. IT분야에 종사하시는 분들께 조금이라도 봉사하자. 너무 거창한가요? IT부장을 3년쯤 하다 보니 답답해지더군요. IT산업이 빌빌대는 모습이 확연하게 느껴지는 거예요. IT 버블이 꺼진 후 투자도 부진하고, 창업도 부진하고, 정부 정책도 자주 빗나갔지요.

안 되겠다 싶어 밖으로 눈을 돌렸습니다. 매일 인터넷으로 외신을 훑었습니다. 어느 순간 입이 근질근질해지더군요. 얘기하고 싶은 게 많아진 겁니다. 그래서 블로그를 열까 생각했습니다. 하지만 데스크가 블로그를 끌고 가기가 쉽지 않지요. 만날 바쁘니까. 결국 블로그를 열지 못하고 IT부를 떠났어요.

이제야 블로그를 열었습니다. 글로벌 IT 이야기를 쓰려고 합니다. 막상 블로그를 열고 보니 겁이 나네요. 남들 앞에서 이야기를 하려면 스페셜리스트라야 하는데 기자는 제너럴리스트잖아요. 모르는 것은 모른다고 하고, 아는 것만을 성실하게 쓰겠습니다. 공정하게 바라보려고 노력하겠습니다. 자주 들러주세요.

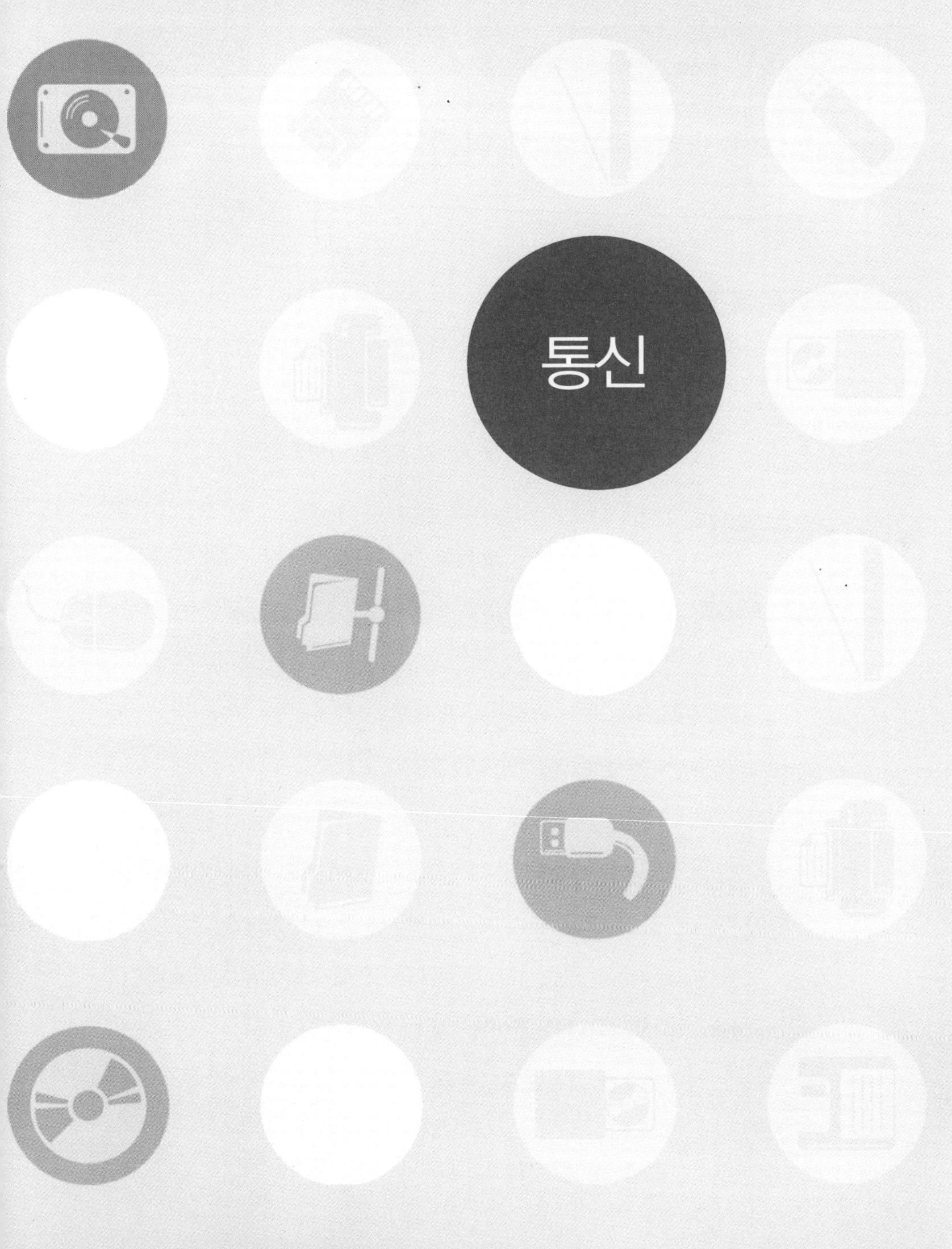

통신

모바일 TV만 생각하면 화가 난다 | [통신]

재미있네요. AT&T American Telephone&Telegraph가 2008년 5월 4일, 미국에서 모바일 TV 서비스를 시작한답니다. 모바일 TV가 뭔지 아시죠? 휴대전화로 TV를 시청하는, 우리나라로 치면 DMB와 같은 서비스죠.

세계 최고의 통신회사인 AT&T가 한국에서 3년 전에 시작한 서비스를 이제야 시작한다니, 뭔가 이상하지 않나요?

일단 10개 채널로 시작하는 AT&T 모바일 TV를 이용하려면 한 달에 15달러, 우리 돈으로 약 1만 5,000원 정도를 내야 합니다. 우리나라 위성 DMB는 비디오 채널 10여 개를 이용하는 데 월 1만 원 안팎이 들고, 지상파 DMB는 KBS, MBC, SBS를 포함해 비디오 채널이 7개나 되는데도 공짜죠. 대한민국, 참 좋은 나라예요.

재밌는 소식이 또 있습니다. 바로 한국 휴대전화로 AT&T 모바일 TV 서비스를 시작한다는 점이죠. 삼성과 LG가 모델을 하나씩 공급하는데, 가격은 2년 약정에 100달러 가량의 보조금을 받을 경우, 삼성폰은 200달러, LG폰은 300달러라고 합니다. 미국에서 휴대전화 가격이 200달러면 비싼 편이라네요.

한두 개 도시에서 깔짝깔짝 시작하는 게 아니에요. 애틀랜타, 시카고, 로스앤젤레스, 뉴욕 등 58개 도시에서 서비스를 시작했어요. 웬만한 도시에선 휴대전화로 TV를 볼 수 있다는 얘기죠. AT&T는 모바일 TV를 "혁명적인 서비스"라며 "휴대전화 생활을 획기적으로 바꿀 것"이라고 발표했어요.

미국에서 살다 오신 분들 중에 "무슨 뚱딴지같은 얘기냐"고 하는 분도 계실지 모르겠어요. 버라이존 와이어리스Verizon Wireless가 이미 모바일 TV 서비스를 하고 있는데 알지도 못하면서 떠든다고 말이죠. 맞아요, 버라이존 와이어리스는 2007년 3월 1일에 V캐스트Vcast 모바일 TV란 서비스를 시작했죠. AT&T의 경우와 마찬가지로 처음에는 삼성과 LG가 휴대전화를 공급했고요.

아무튼 우리나라, 대단하지 않아요? 한국은 2005년 5월에 위성 DMB, 같은 해 12월에 지상파 DMB 서비스를 시작했어요. 그러니까 버라이존 와이어리스가 서비스를 개시한 시점으로 비교해도 미국보다 2년이나 앞선 셈이죠.

우리나라 모바일 TV 이용자는 위성 DMB와 지상파

AT&T(위)와 버라이존 와이어리스(아래)가 제공하는 모바일 TV 서비스 화면.

DMB를 더해 1,000만 명이 넘는다고 해요. 숫자만 놓고 보면 원세그One-Seg라는 모바일 TV 서비스를 제공하는 일본이 세계 최고죠. 이용자가 2,000만 명이 넘는다고 하니까요. 그래도 앞에서 말씀드렸다시피 모바일 TV용 휴대전화에 관한한 삼성, LG가 "이찌방"이죠.

여기에 만족해야 할까요? No! 문제가 있어요. 모바일 TV 서비스를 시작한 지 3년이 됐다면 이젠 사업자가 돈을 벌어야죠. 기업이 마냥 적자 내며 서비스를 지속할 순 없잖아요. 그런데 위성 DMB 사업자인 TU미디어와 MBC DMB를 비롯한 6개의 지상파 DMB 사업자 모두 생돈을 들이고 있어요. 비전이요? 글쎄요.

어쩌다 이렇게 됐을까요? 정보통신부(지금의 방송통신위원회)가 정책을 잘못 세웠기 때문입니다. 위성 DMB는 유료, 지상파 DMB는 무료로 서비스를 하게 했는데, 세상에 공짜가 어디 있어요. 공익? 기업이 자선간가요? 광고가 붙을 거라고 생각했던 것 같은데, 예상이 빗나간 거죠. 위성 DMB는 KBS, SBS 등을 재송신하지 못해 적자에 허덕이고 있지요.

미국에서도 모바일 TV의 전망이 어둡다고 보는 이들이 있어요. 휴대전화로 TV를 보려는 사람이 과연 얼마나 되겠냐는 거죠. 그래도 인스탯InStat이란 시장조사업체는 세계 모바일 TV 시장이 2012년에는 120억 달러에 달할 것이라고 예상했어요. 이대로만 된다면 좋겠네요. 모바일 TV 휴대전화는 한국이 "짱"이니까.

세계적으로 모바일 TV 기술은 10가지 가까이 될 겁니다. 한국의 DMB 외에 AT&T와 버라이존 와이어리스가 도입한 미디어플로MediaFLO, 유럽연합EU이 표준으로 채택한 DVB-H 등 많습니다. 우리가 DMB로 맨 먼저 출발했지만 모바일 TV 천하통일은 어렵게 됐네요. 여러분은 DMB 서비스가 어떻게 될 거라고 보세요?

댓글(1)

이름 | 비밀번호 | 블로그 또는 이메일 주소

김항석 미국 30여 개 도시에서 서비스를 시작한다는 사실이 의미하는 바는 크죠. 그만큼 더 많은 돈이 투입되겠죠. 한국 시장과 비교하기에는 너무 큰 차이가 있습니다. 가령 2008년 1월, 중국의 휴대전화 판매대수는 거의 800만 대입니다. 우리나라는……, 글쎄요. 언론에서 매일 "세계 최초다", "국제표준화다" 하지만 정작 그 결실이 없는 게 많이 아쉽군요.
저는 개인적으로 외국(솔직하게 말하면 영국, 독일, 미국)의 투자기법과 이익을 뽑아내는 그 탁월함에 항상 놀랍니다. 동일한 비즈니스 모델을 가지고 저희는 그렇게 못해서 아쉽고요. 특히 너무 무료화 정책에 익숙해진 제 자신을 보면서 과연 난 한 달에 저 정도 금액을 주면서 사용할까? 이런 생각도 듭니다.

☐ 텍스티콘

휴대전화와 전자팔찌, 무엇이 다른가 | [통신]

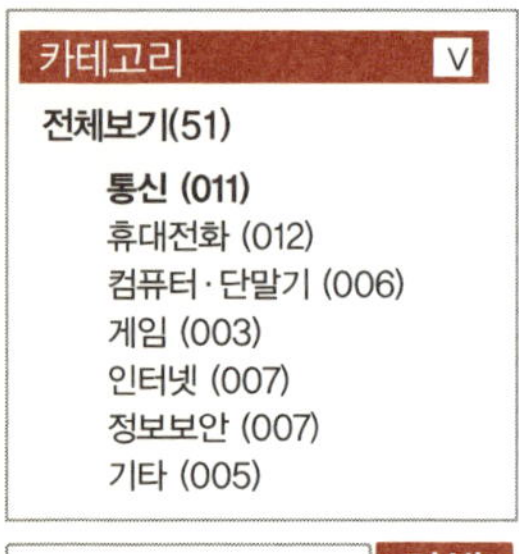

감옥이 가장 붐비는 나라는? 중국? 땡! 이라크? 땡! 그럼 미국? 딩동댕.

의외죠? 미국은 수감자가 220만 명이나 된다네요. 인구가 3억이니까 약 140명당 1명꼴로 투옥된 셈이죠. 220만 명은 전 세계 수감자의 4분의 1에 해당하고요.

범죄자가 늘어도 감옥을 계속 늘릴 수는 없는 노릇이지요. 그래서 미국은 웬만하면 잡아 가두지 않고 지켜보는 보호관찰제를 적극 활용하고 있지요.

요즘엔 전자감시기술이 각광받고 있대요. 위험인물에게 GPS 칩이 내장된 전자팔찌를 채워놓고, 그가 제한지역에 접근하면 자동으로 경찰관에게 통보되게 해 범죄를 막는 방식이죠.

매사추세츠의 경우에는 2006년에 GPS 감시방식을 도입해 2008년 현재는 약 700명에게 적용하고 있대요. 경찰로서는 위험인물의 소재지를 연중무휴 하루 24시간 파악해 감시할 수 있어 좋겠죠. 2008년 4월에는 오클라호마 상원과 일리노이 하원이 가정폭력 피해자를 보호하자는 취지에서 이 방식을 만장일치로 채택했어요.

GPS 개념도.

어떤 사람한테 전자팔찌를 채울까요? 0순위는 성폭력범입니다. (우리나라에서도 상습 성폭력범에게 전자팔찌를 채우기로 했다죠?) 별거 중인 아내를 찾아가 폭력을 휘두르는 남편도 GPS 감시대상 1순위로 꼽히지요.

전자팔찌의 효용에 대해서는 의견이 분분합니다. 노스캐롤라이나 피트카운티에서는 전자팔찌 덕에 2004년 36%였던 가정폭력 재범률이 2008년 들어서는 14%로 떨어졌대요. 문제는 피해자의 생명이 보장되지 않는다는 점이죠. 경찰이 도착하기도 전에 위험인물이 주먹을 휘두르고 살인을 할 수도 있으니까요.

요즘에는 GPS 칩이 내장된 휴대전화가 범인을 추적하거나 피납자를 찾아내는 데 공을 세우기도 하죠. 일례로 콜로라도에서는 가게에서 납치당해 어딘가로 끌려가던 50대 여인이, 범인이 자리를 비운 틈을 타 휴대전화로 신고를 했답니다. 경찰은 휴대전화의 발신지를 추적해 범인을 집았고요.

GPS 휴대전화는 갈수록 늘어날 겁니다. 세계 최대 휴대전화 메이커인 노키아Nokia는 2010~2012년쯤엔 자사 휴대전화의 절반이 GPS를 탑재하게 될 것이라고 밝혔어요. 휴대전화 가격이 계속 떨어지니까 새 기능으로 보충하려는 거겠죠. 이동통신 사업자들도 위치추적기능을 활용한 다양한 서비스를 내놓을 테고…….

GPS 휴대전화는 어떤 점에서는 전자팔찌와 다를 바 없어요. 마음만 먹으면 누가 어디에 있는지, 어디에서 어디로 시속 몇 킬로미터로 달리고 있는지 다 알 수 있겠죠. 물론 GPS 칩이 없는 휴대전화로도 위치를 추적할 수는 있습니다. 발신기지국을 찾으면 되니까요. 하지만 GPS 위치추적이 훨씬 신속하고 정확하죠.

그런데 GPS라는 게 미국 군용이잖아요. 그러니까 미국은 마음만 먹으면 각국 중요인물의 행적을 죄다 파악할 수 있겠죠. 그래서 러시아는 글로나스Glonass 시스템을 갖췄고, 유럽연합은 갈릴레오 프로젝트Galileo Project를 추진하고 있죠. 중국도 독자 위성망을 구축하고 있어요. 우리도 언젠가는 그렇게 해야 할 텐데…….

중국 통신업계는 정부 맘대로 | [통신]

중국은 참 재미있는 나라네요. 통신업체 6개를 지지고 볶아 3개로 만들겠대요. 모두 국영기업이라 가능한 발상이겠죠. 하지만 이 가운데 4개는 뉴욕증시와 홍콩증시에 상장된 회사인데도 정부가 마음대로 주무를 수 있다니……. 하기야 우리도 1970년대엔 중화학공업을 통폐합했고, 김대중 정부 초기엔 반도체분야를 통폐합했죠.

중국 정부가 통신산업 구조조정을 단행한 것은 경쟁을 촉진하기 위해서예요. 이동통신의 경우, 차이나모바일China Mobile이 시장의 3분의 2를 장악하고 있어요. 가입자가 무려 4억 명, SK텔레콤의 15배가 넘죠. 가입자만 놓고 보면 세계 최대 이동통신사지요. 2위 사업자는 차이나유니콤China Unicom, 3위 사업자는 차이나새트콤China Satcom이에요.

유선통신은 해마다 위축되고 있죠. 우리와 똑같아요. 2008년 1~4월에만 540만 명의 가입자가 이탈했대요. 그러니 비상이죠. "우리도 이동통신 할 수 있게 해달라"고 아우성치지 않겠어요. 유선통신 1위 사업자(한국으로 치면 KT)는 차이나텔레콤China Telecom, 2위 업체는 차이나네트콤China Netcom, 3위 업체는 차이나레일콤China Railcom이에요. 참고로, 차이나레일콤은 전국 철도통신망을 가지고 있지만 아주 영세한 유선통신 사업자랍니다.

구조조정 골자는 이래요.

❶ 차이나텔레콤이 차이나유니콤의 CDMA(미국식 이동통신) 사업을 인수한다.

❷ 차이나유니콤의 GSM(유럽식 이동통신) 사업부와 차이나네트콤을 합친다.

❸ 차이나모바일이 차이나레일콤을 인수한다.

유선업체인 차이나텔레콤과 차이나네트콤은 살판났습니다. 이동통신 시장에 진출하게 됐으니까요. 반면에 이동통신 시장을 쥐고 흔들었던 차이나모바일은 경쟁이 심해져 힘들어지겠지요. 그래서 구조조정 계획이 발표되자 홍콩증시에서 이 회사 주가가 6년 만에 가장 큰 폭으로 떨어졌대요. 차이나유니콤과 차이나네트콤 주가는 하루 새 10% 이상 뛰었고 말이죠.

중국 통신업계 재편을 보니 '통신 3강'을 만들려 했던 정보통신

2007년 4월 10일, 원자바오(溫家寶) 중국 총리(왼쪽 첫 번째)가 SK텔레콤 분당연구소를 방문해 중국식 3세대 이동통신 기술인 TD-SCDMA 시연 장면을 지켜보고 있다.

부 생각이 나네요. 정통부는 2000년대 초반, 통신업계를 3강 체제로 재편하려고 안간힘을 썼죠. 하나로통신(현 하나로텔레콤)을 누가 먹고 파워콤을 누가 먹으면 3강이 된다는 식으로요. 결국엔 2강(KT, SK텔레콤) 1중(LG)이 되고말았지만…….

중국 정부는 3강 체제로 재편한 뒤에 3개 사업자에게 3세대 이동통신 사업권을 주겠다고 밝혔습니다. 그동안 베이징올림픽에 맞춰 3세대 이동통신 서비스를 시작할 것이라고 약속했으니까 잘하면 한두 달 안에 해치울 수도 있겠네요. 아시겠지만, 3세대 이동통신 서비스란 SK텔레콤의 T나 KTF의 쇼와 같이 매우 빠른 이동통신서비스를 말합니다.

관심사는 중국 정부가 3세대에서 어떤 기술을 채택하느냐입니다. 세 사업자에게 각기 다른 방식을 택하게 할 수도 있다고 하는데, 중국의 독자적인 기술인 TD-SCDMA를 어느 업체한테 맡길지, 가장 보편화된 WCDMA를 누가 가져갈지, 다 죽어가는 CDMA2000도 선택하게 할지……. 이미 정해졌다는 얘기도 들리네요.

2007년 8월 차이나유니콤에 10억 달러를 투자한 SK텔레콤은 투자 이후 주가가 2배 이상으로 급등했으니 일단은 떼돈을 벌었습니다. 불확실성도 사라졌고요. SK텔레콤은 중국에서 네트워크를 깔고 서비스를 제공하고 싶어하는데, 앞으로 어떻게 될까요?

블로그 | 포토로그 | 북마크 | 방명록 2008. 5. 28

일본 학부모 단체가 휴대전화 규제를 건의한 까닭은 | [통신]

얼마 전의 일입니다. 중학교에 다니는 딸애가 자기 방에서 한참을 누구랑 다투더군요. 휴대전화로 말이죠. 집사람한테 물어봤더니 친구가 "왜 문자를 씹느냐"고 따져서 딸애가 오해하지 말라며 해명하는 중이라더군요.

휴대전화가 웬수다, 웬수. 휴대전화가 없으면 저런 일도 없을 텐데……. 이런 생각도 들었습니다. 평소에도 그래요. 자기 방에서 열심히 공부하는 줄 알고 좋아했는데, 방문을 열고 들여다봤더니 침대에 드러누워 휴대전화로 게임을 하고 있는 겁니다. 이럴 땐 배신감 들죠. 저 뿐이 아닐 거예요. 학부모들 마음이야 다 똑같겠죠.

2008년 5월 26일, 일본에서 정부자문기구인 학부모 단체가 휴대전화를 규제해달라는 건의를 했다고 하네요. 초·중학생의 경우, 통화 외에는 휴대전화를 사용하지 못하게 하자는 거죠. 저도 처음엔 무슨 말인가 했습니다. 공산국가도 아니고 그렇게까지 할 필요가 있나?

그런데 알고 보니 이해가 되더라고요. 아시다시피 일본은 모바일 강국이잖아요. 우리야 이제 막 시작 단계지만, 일본에서는 초등학생들도 휴대전화로 이메일을 주고받고 인터넷도 이용할 만큼 보편화됐죠. 게다가 초등학교 6학년은 3분의 1이, 중학교 3학년은 60%가, 고등학생은 96%가 휴대전화를 갖고 있다고 해요.

바로 이게 문제랍니다. 휴대전화가 엉뚱하게 악용된다는 거죠. "30분 규칙"이란 게 대표적이에요. 모바일 이메일을 보냈는데 30분 내지 한 시간 이내에 회신하지 않으면 응징을 한답니다. 왜 자신이 보낸 메일을 무시하냐는 거죠. 아이들은 이런 식으로 따돌림을 당하지 않으려고 밤마다 몇 시간씩 휴대전화를 붙들고 있대요.

또 모바일 인터넷에 개설된 학교 사이트에 들어가면 게시판이 있는데, 마음에 들지 않는 아이를 익명으로 비난하기도 한다네요. 휴대전화를 소지한 학생들의 개인정보가 유출돼 사이버 사기, 성범죄 등에 악용될 위험도 크고 말이죠. 후쿠다 야스오福田康夫 일본 총리도 "휴대전화가 많은 문제를 야기하는 게 사실"이라고 말했다고 하네요.

학부모 단체는 휴대전화 제조업체 측에도 건의를 했대요. 학생용 휴대전화에는 통화기능과 GPS기능만 넣어달라는 거죠. GPS는 아이들 안전을 위해 필요한 기능이라서 넣었대요. 학부모 단체는 유해 사이트를 차단하는 필터링도 강화해달라고 정부 측에 요구했다고 하네요.

일본 정부가 학부모 단체의 건의를 정책에 어느 정도 반영할지는 모르겠어요. 전부는 아니라도 상당 부분 수용할 것 같은데……. 아시다시피 학생들은 유혹에 약하잖아요. 필요하다면 강제로라도 규제할 필요가 있겠죠. 우리나라도 3세대 이동통신 서비스가 확산되고 있어서 조만간 이 문제가 논란이 될 거라 생각해요.

블로그 | 포토로그 | 북마크 | 방명록 2008. 6. 11

영국과 핀란드가 한국 와이브로WiBro를 '기웃기웃' | [통신]

요즘 IT업계 사람들은 "너무 침체됐다"는 말을 많이 합니다. 2000년대 초반의 'IT 붐'을 바라는 것은 아니지만, 기술이나 서비스에서 획기적인 게 없다고들 합니다.

왜 그럴까요? 저는 IPTV 상용화가 늦어지고 와이브로가 비실대는 게 원인 중 하나라고 생각합니다. 새로운 서비스가 나와야 분위기가 살아난다는 얘기죠.

와이브로, 제법 쓸 만한데도 빛을 못 보는 기술이라고들 하는데……. KT 와이브로는 2006년 6월에 상용서비스가 시작되었습니다. 현재는 서울권에서만 이용이 가능하고요. 서비스가 시작된 지 어느덧 2년이 됐는데 가입자가 20만 명에 불과하니, 아직 헤매고 있다고 봐야겠죠.

잠깐! '와이브로'란 용어, 이거 별롭니다. 이동 중에도 무선으로 인터넷을 이용하는 서비스를 일컫는데, 국제적으론 '모바일 와이맥스Mobile Wi-Max'라고 하지요. 해외에서 "와이브로"라고 말하면 못

알아듣습니다. 와이브로는 진대제 전 장관 시절, 정보통신부가 만든 용어니까요. 와이브로는 사실상 KT 브랜드가 되고 말았죠.

한국에서 비실대는 와이브로, 즉 모바일 와이맥스에 대해 요즘 영국과 핀란드가 관심을 보이고 있습니다. 모바일 와이맥스를 주목하는 나라는 한둘이 아니지만, 이 두 나라는 사실상 모바일 와이맥스의 반대쪽 진영에 속해 있다는 점에서 눈길이 가네요. 특히 핀란드는 필드테스트까지 성공적으로 마쳤다는군요.

핀란드에서는 모바일 와이맥스 필드테스트가 처음이었다는데, SPY, 옴니텔Omnitel 등 브로드밴드Broadband(초고속인터넷) 회사들이 주도했대요. 사본리나란 도시에서 기지국 2개를 세운 다음 노트북 PC에 PCMCIA Personal Computer Memory Card International Association 카드를 꽂았는데, 속도가 6Mbps까지 나오고 끊기지도 않았대요. 자신들이 보기에도 "성공적"이랍니다.

KT의 와이브로 광고.

핀란드는 '노키아의 나라' 지요. 노키아가 어떤 회산가요? 시장점유율이 40%나 되는 세계 최대 휴대전화 메이커로 삼성, LG가 넘어야 할 거대한 산이죠. 차세대(4세대)

통신과 관련해서는 LTELong Term Evolution를 밀고 있는데, 바로 이 노키아의 나라에서 LTE의 경쟁 기술인 모바일 와이맥스의 현장시험이 성공했다는 얘깁니다.

영국에서는 BTBritish Telecom가 모바일 와이맥스에 관심을 보이고 있죠. 새로 취임한 이안 리빙스턴Ian Livingston 최고경영자가 최근 모바일 와이맥스를 검토하겠다고 했대요. 영국은 유럽에서도 약간 따로 노는, 그래서 어쩐지 더 정이 가는 나라인데 한국이 세계 최초로 상용화한 모바일 와이맥스에 관심을 보인다니 반가운 일이네요.

BT 때문일까요? 텔레콤TV라는 매체가 서울발로 KT 와이브로의 서비스 현황에 관한 기사를 내보냈는데, 통신전문매체라서 그런지 상당히 정확하게 쓴 것 같네요. 한국에 대해 "모바일 와이맥스와 3세대 이동통신 HSDPA(SK텔레콤의 T, KTF의 쇼)가 처음으로 맞붙은 시장(국가)"이라고 표현했군요.

기자는 KT 와이브로가 업로드 속도에서는 HSDPA보다 3배나 빠른데도 사용가능지역이 서울에 국한돼 있고, 강력한 서비스가 없어 활성화되지 않고 있다고 썼어요. 하지만 할인행사 덕분에 가입자당 요금이 HSDPA의 절반인 20달러(2만 원)에 불과해, 2009년에 와이브로2가 나오면 달라질 것이라 덧붙였네요.

3, 4년 후에 상용화될 4세대 통신은 어떤 기술이 주도할까요? 이

것이 통신업계의 최대 관심사인데, 모바일 와이맥스가 이길지 LTE가 이길지 모르겠어요. 우리로선 모바일 와이맥스 기술의 상당 부분을 개발했고 세계 최초로 상용화했기 때문에 모바일 와이맥스가 이기면 좋겠죠. 특히 삼성전자가 그럴 거예요.

댓글(4)

이름 | 비밀번호 | 블로그 또는 이메일 주소

가솔린 2년 동안 가입자를 20만 명밖에 모으지 못한 서비스를 어떤 해외 메이저 오퍼레이터가 본격적으로 도입할 수 있을까요? 위에 언급하신 유럽의 브로드밴드 업체가 지금의 이동통신(GSM, WCDMA, CDMA)만큼 투자 여력이 있다고 보시나요? 이길 수 있는 기술과 역량이 있는 업체만이 살아남겠죠.

광파리 우리나라는 KT든 SK텔레콤이든 기존 서비스와 충돌하는 게 문제죠. KT 역시 자회사인 KTF의 3세대 이동통신과 경쟁해야 하기 때문에 강하게 밀어붙이기 어렵다는 문제가 있습니다. 외국 후발사업자의 경우, 바로 이 점만 문제되지 않는다면 검토할 수 있겠죠. 현재로선 4세대에서 과연 어느 기술이 선택되느냐가 관건인데, NTT도코모(NTT Docomo) 등 몇몇 대형 사업자가 LTE 쪽에 줄을 섰다는 점이 부담스러울 겁니다.

wave2 와이브로 현황에 대해 재밌고 정확하게 쓰셨네요. 저 개인적으로도 와이브로가 잘되어서 IT강국의 위상을 높이고 수출 품목에 당당히 이름을 올렸으면 좋겠네요. 하지만 LTE 진영이 너무 막강한 데다 원천특허도 사실상 없는 상태라 되어도 문제, 안 되어도 문제네요.

icebird 와이브로 서비스는 보편화되면 무선인터넷 및 이동통신 시장의 수익에 영향을 미치게 되기 때문에 꺼리는 겁니다. 기술상의 문제도 아니고 소비자가 외면하기 때문도 아니죠. 그리고 UMPC(Ultra Mobile PC) 및 와이브로 내장 휴대전화 등이 좀더 안정되면 매우 활성화될, 잠재력이 있는 서비스입니다. 휴대전화의 경우 여러 가지 문제로 인해 아직까지는 좀더 개발이 필요한 상황이고요. 하지만 꾸준하게 시도되고 있습니다. 이미 노트북 이용자나 UMPC 이용자들 사이에서는 와이브로가 필수품처럼 선호되고 있습니다. 단지 서울에 한해서 서비스한다는 것이 문제지요. 이건 망서비스만 전국으로 확대되면 20만이 아니라 모바일 제품을 사용하는 사람들이라면 누구나 가입할 만한 서비스입니다. 와이브로를 선호하지만 서울 제한 때문에 HSDPA를 이용하는 사람도 상당히 있습니다.

화앙~날 잊지 마오 와이브로가 성공할 것이라고 광신도처럼 믿고 있는 사람입니다. 무한한 잠재력을 갖고 있음에도 불구하고 다양한 서비스 부재, 에코시스템 미비 등으로 아직은 고전을 면치 못하고 있지만, 조만간 비상하리라 생각합니다. 많은 분들이 각자의 영역에서 새로운 서비스를 위해 고민하고 있기 때문입니다. 정부가 와이브로로 음성서비스를 할 수 있도록 계획하고 있다는 것도 좋은 징조라고 생각합니다.

☐ 텍스티콘

AT&T가 인터넷종량제를 도입하겠대요 | [통신]

미국 AT&T가 인터넷종량제 도입을 검토하고 있나 봅니다. 이 회사 대변인이 "종량제 도입이 불가피inevitable하다"고 말했다고 AP통신이 보도했네요.

아시다시피 AT&T는 미국 최대 유선통신회사에요. 미국 최대 인터넷회사기도 하고요. 이런 점에서 우리나라의 KT와 비슷하죠.

AT&T 대변인은 "DSLDigital Subscriber Line 사용자 중 5%가 전체 네트워크의 46%를 사용한다"고 말했다는군요. 아마 우리나라도 상위 10%가 70% 정도를 사용할 거예요.

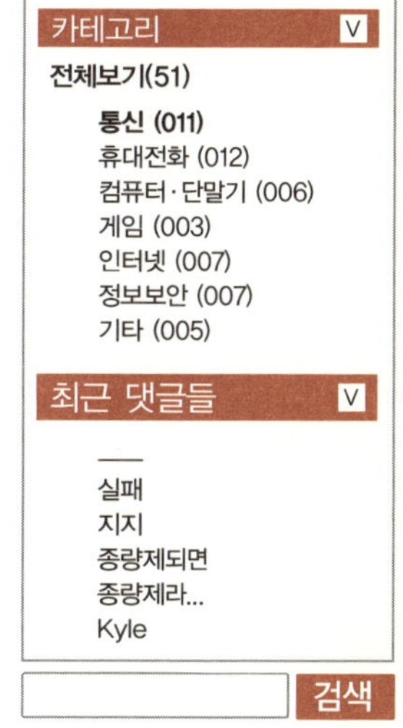

AT&T는 종량제 도입에 관한 구체적인 계획을 밝히진 않았어요. 그런데 케이블 사업자들은 이미 종량제 도입에 착수했나 봐요. 타임워너케이블Time Warner Cable의 경우, 2008년 6월 초 텍사스 뷰몬트에서 시범적으로 도입했대요. 월정상한을 초과하는 사용자에겐 1기가바이트당 1달러를 추가로 받겠다는 거예요.

종량제에 관한한 전화 사업자보다는 케이블 사업자들이 더 급하겠죠. HFCHybrid Fiber Coaxial Cable(광동축혼합망)의 경우 데이터 양이 늘어나면 그만큼 속도가 느려지니까요. 그런데 네트워크 사용량은 대용량 데이터 송수신이 늘어남에 따라 1년 반마다 2배로 증가한대요. 이렇게 되면 아무리 넓은 고속도로라도 막히겠죠.

종량제는 형평성 측면에서 생각하면 일리가 있어요. 많이 쓰는 사람이 많이 내는 게 당연하잖아요. 종량제가 도입되면 포털 사업자나 PC방 등은 힘들어질 겁니다. 인터넷서핑이나 하는 사람들에게는 종량제가 문제 되지 않죠. 하지만 앞으로 동영상 수요가 급증할 것이기 때문에 매우 신중하게 판단해야 한다고 봐요.

인터넷 사업자들은 종량제를 도입하고 싶을 거예요. 네티즌의 저항이 워낙 강해 말은 못하지만 말이죠. 그러다가도 "네이버 좋으라고 고속도로 깐 것은 아니잖느냐"고 하소연하기도 하죠. 오늘 아침에 아무개한테 전화를 했더니 "아이고 부장니임, 종량제는 말도 못 꺼내요. 요금 내리라는 판이잖아요"라고 하더군요.

한때 정보통신부에서 인터넷종량제는 '금기'로 통했죠. 이용경 전 KT 사장이 종량제 운운했다가 얻어터진 뒤로는 그야말로 '고양이 목에 방울 걸기'가 됐어요. 미국에서는 인터넷종량제 도입에 대한 네티즌의 저항이 그리 심하지 않은가 봐요. AT&T가 과연 종량제 도입에 성공할까요?

댓글(6)

이름 | 비밀번호 | 블로그 또는 이메일 주소

__ 종량제 성공합니다. 지금 제가 사는 곳에서는 종량제를 실시해서, 한 달에 15기가바이트 용량 제한으로 쓰고 있습니다.

실패 인터넷종량제, 실패한다고 봅니다. 정액제를 하는 회사가 새로이 거대해질 뿐. 다음이나 네이버 같은 포털회사는 요금 계산을 따로 해야겠죠. 종량제 하면 나의 요금이 작아질 것이라는 어이없는 소리를 하죠. 종량제 기본요금이 지금 정액제 요금입니다.

지지 상위 10%가 대역폭의 70%를 쓰더라도 결국 그들의 활동에 의해 나머지 90%가 30%를 쓰는 데 필요한 데이터들이 확보되고 있습니다. 무슨 멀티미디어 신문 보듯이 포털사이트가 만들어낸 자료만 보고 있다면 인터넷은 단지 발전된 화상전화일 뿐 그 가치가 떨어질 겁니다.

종량제되면 종량제가 실시되어도 기본 용량이 인터넷서핑 수준에서 모자라지는 않겠지만 홈페이지 구성을 옛날의 야후, 다음처럼 텍스트 위주로 바꿔야 할 테고, 홈페이지에 올라오는 광고는 동의를 얻어 보여주는 방식으로 해야 할 겁니다. 받는 파일의 크기만큼 소비자가 부담해야 하니까요.

종량제라... 포털사이트에 있는 수많은 플래시광고와 쓸데없이 복잡한 웹페이지들은 어떡해야 할까요? 말 그대로 자신이 필요한 정보만 받고 이에 대한 대가를 낸다면 어느 정도 이해할 수 있겠지만, 원하지 않는 정보에 대한 대가도 지불해야 한다는 게 말이 안 된다고 생각합니다.

Kyle 저는 체코에 살고 있습니다. 이곳에서 ADSL 점유율이 가장 높은 회사인 O2가 제공하는 ADSL은 종량제서비스와 비즈니스용 서비스, 이 두 종류였습니다. 그런데 2008년 4월 1일부로 종량제가 전면 폐지되었습니다. 제 생각에 종량제는 여러모로 현실성이 없어 보입니다.

☐ 텍스티콘

KT 와이브로가 전화도 된다면 | [통신]

촛불 시위 덕을 톡톡히 보고도 아무에게 자랑하지 못하는 기업이 있습니다. 바로 와이브로 사업자인 KT입니다.

촛불 시위를 인터넷으로 생중계하는 데 사용된 통신서비스가 KT 와이브로였는데, 일반인이 시위 현장을 인터넷으로 생중계한 것은 이번이 세계 최초랍니다. 와이브로가 위력을 발휘했던 것이죠.

하지만 KT는 말을 못합니다. "와이브로 대단하지 않냐"고 자랑하고 싶겠지만 눈치를 안 볼 수 없습니다. 정부가 얻어맞는 판국에 드러나게 웃을 순 없겠죠. 그래서 우리 국민 중에도 와이브로 덕에 생중계가 가능했고 이런 식의 생중계가 세계 최초란 사실을 모르는 사람, 많을 겁니다.

KT는 2008년 6월 17일부터 19일까지 코엑스에서 열린 OECD 장관회의를 계기로 와이브로를 이용한 전화서비스를 제공하기도 했습니다. 한시적 시범서비스였지만, 와이브로를 통한 전화서비스는 이번이 세계 최초라는 점에서 의의가 크다고 할 수 있습니다.

KT가 와이브로 상용서비스를 시작한 것은 2006년 6월입니다. 가입자는 이제 20만 명. 그런데 KT 와이브로는 이동형 인터넷서비스에 머물고 있죠. 기술적으로는 인터넷은 물론 전화와 방송서비스도 가능한데 인터넷서비스만 제공하고 있다는 얘깁니다.

와이브로를 이용해 전화서비스를 하지 않은 이유가 뭘까요? 와이브로는 기본적으로 인터넷 기반의 서비스잖아요. 그러니까 와이브로 전화는 무선인터넷전화가 되죠. 요금이 아주 싼 인터넷전화가 나오면 어떻게 되겠습니까? 무선전화든 유선전화든 힘들어지지 않겠어요? 그래서 일단 덮어둔 겁니다.

기술적으로는 준비가 다 됐지만, 통신시장에 미칠 파급효과가 너무 커서 정부로서도 허용하기 어렵겠죠. 그런데 이젠 조금 달라졌습니다. 와이브로를 활성화하기 위해서는 전화를 허용하지 않을 수 없게 된 거예요. 게다가 가계통신비 부담을 줄이려면 규제완화를 통해 요금인하를 유도해야 하는 실정이고요.

OECD 장관회의에 참석한 이집트 대표가 KT 직원들이 지켜보는 가운데 와이브로 전화를 시연하고 있다.

KT는 OECD 장관회의에 참석한 VIP 인사 100여 명에게 인터넷전화가 가능한 와이브로폰을 지급

했습니다. 행사기간에 휴대전화 대용으로 사용하게 한 겁니다. 저도 코엑스 '월드 IT 쇼' 전시장에 가서 와이브로 전화서비스를 직접 사용해봤습니다. 휴대전화에 뒤지지 않는 품질이더군요.

와이브로 인터넷전화서비스가 시작되면 휴대전화 요금이 많이 떨어질 겁니다. 와이브로 가입자 간 음성통화는 거의 공짜가 되겠지요. 관건은 시기입니다. 과연 언제 시작하느냐. 분위기는 충분히 무르익었는데 KT 측 공식입장은 "현재로선 정부 측과 협의하고 있는 것도 없고 서비스 계획도 갖고 있지 않다"입니다. 과연 그럴까요? KT는 2008년 10월 말까지 인천, 수원 등 수도권 19개 도시를 와이브로 풀full 커버리지로 확대합니다.

풀 커버리지라 하면 도시 어디서든 와이브로가 빵빵 터진다는 얘긴데, 여기에 포함되는 19개 도시는 인천, 고양, 성남, 수원, 용인, 안양, 과천, 광명, 구리, 군포, 부천, 의왕, 의정부, 안산, 시흥, 하남, 화성, 김포, 남양주입니다. 또 서울로 출퇴근하는 직장인들은 지하철에서 와이브로를 맘껏 이용할 수 있게 된대요.

와이브로 성능도 개선했다고 하더군요. 이제부터는 속도가 더 빨라진 웨이브2Wave2라는 기술을 적용한답니다. 이렇게 대대적으로 투자를 하면서 인터넷서비스만 제공하기는 아깝지 않겠어요? 와이브로 활성화를 위해 전화서비스를 허용해달라고 정부 측에 요청할 수도 있겠죠. 일각에서는 "가능하겠느냐"고 말하는 이도 있습니다. 어떻게 될까요?

사족 1 어떤 기자가 "와이브로 커버리지가 수도권에 한정돼 있어 전화서비스가 불가능하다"고 썼더군요. No! 와이브로 지역에선 와이브로 네트워크를 쓰고 다른 지역에선 자회사인 KTF 이동통신망을 쓰면 됩니다. 현재 KT 와이브로폰을 사용하는 KTF 가입자는 휴대전화 대용으로도 쓰고 있지요.

사족 2 와이브로 아니면 촛불 시위 생중계가 불가능한가? 현재로선 그렇습니다. 현행 이동통신은 3세대로 HSDPA(고속하향패킷접속)라서 다운로드에는 문제가 없지만 업로드에는 한계가 있습니다. HSUPA(고속상향패킷접속)를 도입하면 달라지겠죠. 흔히 HSDPA와 HSUPA를 합해 HSPA라고 하지요.

댓글(4)

이름 | 비밀번호 | 블로그 또는 이메일 주소

크롬 전화 사용처럼 전송속도가 얼마 되지 않는 경우는 상관이 없지만 '고속의 통신'을 휴대전화 단말기에 내장하는 것은 기술적인 난제가 있나 봅니다. 출력신호를 증폭하는 데 있어서 지금의 USB 와이브로 모뎀 같은 경우 노트북과 같은 비교적 큰 휴대장치의 전원을 사용하니까 문제가 없지만, 휴대전화와 같이 소형 휴대장치 안에 내장하는 것은 현재로서는 무리라는 일본 실무진의 인터뷰 기사를 최근에 봤거든요. 와이브로폰처럼 음성통화 정도의 데이터 전송은 현재 기술로도 문제없지만 와이브로폰으로 동영상을 실시간 전송하는 건 기술적으로 아직 힘들다는 거죠.

수학나라 수도권이 아닌 지역에서는 KTF 이동통신망을 쓴다면 결국 HSDPA 형태의 프로토콜(Protocal)이 될 텐데, 그걸 와이브로를 이용한 혁신적인 기술이라 할 수 있을는지요? 결국 와이브로의 커버리지를 넓히지 않고서는 혁신적인 서비스가 될 수 없습니다.

달콤테리 유선전화 수익뿐이겠습니까. KTF의 휴대전화 요금도 깎아 먹겠죠. 카니발리제이션(cannibalization)이 아닐까 생각해보지만, 시행된다면 무선인터넷 보급률을 높일 수 있는 획기적인 방안이라고 생각합니다. 다만 추후에 와이브로가 종량제로 간다면 무척 아쉬울 것 같네요.

엥? KT가 KTF를 죽이는 짓을 한다고요? 합병 얘기까지 나오는 마당에 좀 믿을 수가 없는 이야기인데요?

광파리 그 때문에 KT가 한동안 망설였습니다. 그러나 2007년 말 와이브로, IPTV, VoIP(Voice over Internet Protocol)를 3대 신성장 사업으로 선정했습니다. 입장이 달라진 거죠. 물론 아직도 내부에서도 논란이 있다고 해요. 과연 와이브로를 계속 밀고 가야 하느냐. 많은 것을 생각하고 내린 결론일 겁니다. 와이브로를 밀고 가되 KTF 목을 조르거나 메가패스 망하게 하진 않을 거란 얘깁니다.

☐ 텍스티콘

SK텔레콤, 비싼 수업료 냈다 | [통신]

외국에서 통신사업을 한다는 게 매우 어렵다고들 하지요. 자국 사업자들이 탄탄하게 기반을 다진 뒤에야 시장을 열어주기 때문에 외국 사업자는 후발주자로서 온갖 불이익을 감수해야 하기 때문이죠. 글로벌 통신사업자로 성공한 기업으로 독일 T-모바일T-Mobile과 싱가포르텔레콤Singapore Telecom 정도만 꼽을 정도니까요.

SK텔레콤이 결국 비싼 수업료를 내고 말았군요. 용감하게 미국 시장에 진출해 이동통신사업을 시작하더니 2년여 만에 손을 들었네요. 미국은 외국 사업자에 대한 차별이 없다고 하지요. 게다가 SK텔레콤 서비스도 경쟁력이 있다고 봤죠. 톰 크루즈Tom Cruise를 초청해 힐리오Helio를 런칭한 게 엊그제 같은데…….

차근차근 얘기할게요. SK텔레콤은 미국 법인 SK텔레콤 USA 홀딩스를 통해 2005년 5월 가상 이동통신사업자MVNO 힐리오를 설립했지요. 미국 어스링크Earthlink와 합작했지만 SK텔레콤 지분이 69%니까 SK텔레콤 회사라고 봐야죠. 우리나라 기업이 외국에서 이동통신서비스를 제공하기는 처음이었죠.

가상 이동통신사업자란 남의 네트워크를 빌려 이동통신서비스를 제공하는 사업자를 말하는데, 힐리오는 미국 3위 이동통신사업자인 스프린트넥스텔Sprint Nextel의 망을 임대해 서비스를 시작했죠. 미국엔 MVNO가 많은가 봐요. 참고로, 우리 정부도 2007년에 가계통신비 부담을 줄이기 위해 MVNO를 허용하기로 방침을 정했습니다.

그런데 2008년 6월 27일, 버진모바일Virgin Mobile이 힐리오를 3,900만 달러에 샀다고 발표했습니다. SK텔레콤이 힐리오 지분을 모두 버진모바일에 넘기고 합병회사에 2,500만 달러를 투자해 버진모바일의 2대 주주(지분율 17%)가 되기로 했다는 겁니다. 직접 서비스를 포기하고 투자로 전환한다는 거죠.

단순하게 계산하면 SK텔레콤은 힐리오에 4억 1,000만 달러를 투자해 3,900만 달러를 받고 넘기는 거니까 3억 7,000만 달러, 우리 돈으로 약 3,700억 원을 날린 셈이네요.

힐리오가 왜 실패했느냐? 가입자 모집이 어려웠나 봅니다. 출범 당시에는 2009년 말까지 330만 명의 가입자를 확보하겠다고 했는데, 2년이 지난 지금 겨우 17만 명에 불과하니까요. 전문가들은 경쟁이 치열한 데다 미국 이동통신 시장이 이미 성숙기에 접어들어

가입자를 모으기가 쉽지 않았다고 분석하고 있네요.

SK텔레콤 측은 "아직 실패는 아니다"라고 말합니다. 전략을 바꾼 거란 얘기죠. 일면 일리가 있다고 봅니다. 또 새로운 파트너인 버진모바일이 MVNO로는 미국 2위 사업자로, 가입자가 510만 명이나 된다니까 새로 희망을 가질 수도 있겠죠. 그래도 직접 서비스로 성공하길 기대했는데 아쉬움이 남네요.

버진모바일과 힐리오의 결합이라……. 장점만 합치면 시너지가 있을 거라고들 하네요. 버진모바일은 인지도와 전국 서비스 기반을

듀얼슬라이드폰 오션(Ocean)을 내세운 힐리오 홈페이지.

슬라이더 카메라폰 슬래쉬(Slash)를 내세운 버진모바일 홈페이지.

갖췄고, 힐리오는 단말기와 데이터서비스에서 강점을 갖고 있다네요. 게다가 버진모바일은 힐리오의 요금청구시스템을 활용해 후불Postpaid 시장에 진출할 수 있을 테고…….

SK텔레콤의 힐리오 매각이 우리나라 이동통신 시장에도 영향을 미칠까요? MVNO에 대한 기대가 위축되진 않을까요?

미국에서는 MVNO 사업 모델이 실패한 것 아니냐는 말도 나오네요. 2007년, 디즈니모바일Disney Mobile과 앰프드모바일Amp'd Mobile이 MVNO 사업을 접었는데, 이를 보더라도 어느 정도 규모가 돼야 살아남을 수 있다는 얘기지요.

힐리오 홈페이지와 버진모바일 홈페이지를 둘러봤습니다. 대조적이네요. 힐리오는 고급 휴대전화와 첨단 멀티미디어서비스로 하이엔드High-End 시장을 공략하고, 버진모바일은 공짜 휴대전화를 앞세워 로엔드Low-End 시장을 공략하거든요. 그러니까 미국 소비자들이 힐리오의 매력을 몰라줬다는 얘긴데, 많이 아쉽네요.

댓글(2)

이름 비밀번호 블로그 또는 이메일 주소

카미 제 아내가 힐리오를 사용 중입니다. 한글을 사용할 수 있다는 점 이외엔 그다지 매력이 없습니다. 한국 회사가 서비스하기에 사용했을 뿐이죠. 요금제나 서비스, 단말기 등 여타에서 경쟁력이 많이 떨어지니 가입자가 늘지 않을 수밖에요. AT&T나 스프린트넥스텔, 버라이존 와이어리스 모두 대부분의 요금제에서 자가망 가입자끼린 무제한 통화인 데 비해 힐리오는 그렇지 않았거든요. 단말기 종류 역시 서너 개뿐이니 PDA폰 등 다양한 단말기를 선보이는 경쟁사를 따라잡을 수 있겠습니까.

광파리 아 그랬군요. 자가망 가입자 간 무료통화. 이게 후발사업자에겐 취약인데, 가입자 기반이 17만 명밖에 안 되는 힐리오로선 힐리오 가입자 간 무료통화 혜택을 준다고 해도 그다지 매력적이지 않겠죠. AT&T, 버라이존 와이어리스, 스프린트넥스텔이 자가망 가입자 간 무제한 통화 혜택을 준다면 힐리오로선 힘든 싸움이 될 수밖에 없겠네요.

김도형 SK는 독일에서도 싸이월드를 런칭했다가 실패했죠. 현지 전문가들과 같이 일해야 답이 나올 텐데, 막무가내 식의 마케팅, 세일즈가 아닌가 싶네요. 현지 IT전문가들을 백분 활용해야 합니다.

☐ 텍스티콘

캐나다에서 온라인 촛불 시위 | [통신]

"휴대전화 요금은 캐나다가 세계에서 가장 비싸다. 독점을 끝낼 때가 됐다", "남쪽(미국)에서는 더 좋은 품질에 더 적은 요금을 내는데 우린 왜 더 나쁜 품질에 더 많은 요금을 내야 하나", "한 달 60달러는 절대, 절대, 절대 안 돼!", "제품(3G 아이폰)은 위대한데 요금은 무시무시하다. 로저스Rogers, 정신 차려라".

이게 무슨 말이냐고요? 캐나다 소비자들의 분노에 찬 함성입니다. 이동통신사 로저스가 2008년 6월 27일, 애플Apple 3G 아이폰iPhone 구매자에게 적용할 요금제를 발표한 뒤 캐나다가 뜨겁게 달아올랐습니다. 소비자들이 항의 사이트를 열었는데, 그 열기가 갈수록 뜨거워지고 있어요. 항의 서명자가 2008년 7월 2일에는 2만 4,000명에 달했고요.

소비자주권운동이 이렇게 진화하는구나. 소비자를 속이거나 독점적 지위를 이용해 함부로 구는 기업은 이제 살아남을 수 없겠군. 이런 생각이 들더군요.

아이폰의 꿈을 뭉개버린 로저스의 데이터요금제

차근차근 얘기할게요. 3G 아이폰 판매를 앞두고 캐나다 소비자들의 기대가 잔뜩 부풀어 올라 있는데 아이폰 독점공급자인 로저스가 아이폰 사용자에게 비싼 요금을 받겠다고 발표한 겁니다. "아이폰의 꿈"이 한순간에 깨져버렸죠.

요금이 어떻길래? 한마디로 아이폰에는 데이터무제한요금제를 적용하지 않겠대요. 그렇다면 사용한 만큼 요금을 내야 한다는 말인데, 최상의 선택이 2기가바이트에 월 115캐나다달러를 내는 상품이래요. 12만 원쯤 되겠죠. 그런데 2기가바이트 가지고 누구 코에 붙이겠어요. 페이지북 1쪽 열어보면 1메가바이트인데.

게다가 약정기간도 미국 AT&T보다 1년이 긴 3년이래요. 열 안 받겠어요? 아이폰을 제외한 스마트폰Smart Phone은 1기가바이트가 월 60캐나다달러, 30메가바이트가 30캐나다달러인데, 월 6,000원짜리 오즈 쓰는 우리가 보기엔 말도 안 되지요. 벨Bell이나 텔러스Telus의 경우에는 월 30캐나다달러짜리 무제한요금제가 있대요.

로저스 측이 뭐라고 했는지 아세요? 세계 각국의 이동통신사업자들은 대부분 무제한데이터요금제를 도입하지 않았다. 이 요금제를 도입하면 데이터를 많이 쓰지 않는 고객들이 더 많은 요금을 내야 하기 때문이다. 기가 막히네요.

Everyone would like to say "NO THANKS" to Rogers/Fido for screwing our iPhone Canadian dream with poor data/voice plans. If you consider these plans not suitable, please sign this petition. On July 11th 2008, we will send a printed copy of all these messages to Rogers HQ to demonstrate our indignation toward them. We would like to say "Thank You, You" for signing this petition and helping the iPhone cause in Canada.

Version française bientôt disponible!

22,591 people say NO to Rogers.

루인드아이폰닷컴의 항의 사이트.

항의 사이트 북적, 온라인 서명자 2만 4,000명에 달해

항의 사이트 이름은 루인드아이폰닷컴(ruinediphone.com)인데, 무식하게 번역하면 "아이폰 쫄딱 망해라"는 뜻인가요? 가장 눈에 띄는 항의방식은 서명이에요. 캐나다 사람에 한해 실명으로 서명하게 되어 있는데, 그 수가 빠르게 늘고 있네요. 온라인 기부도 있어요. 항의 지지자들로부터 2캐나다달러씩 기부를 받는대요.

당연히 '벌떼공격' 도 있죠. 로저스의 임원들과 홍보담당자의 전화번호, 이메일 주소 등을 올려놓고 공정거래위원회와 국회의원 홈페이지를 연결해놨어요. 벌떼처럼 덤벼들어 항의하라는 거죠. 각종 언론의 보도 내용도 링크해두었더군요.

온라인 설문조사도 진행 중인데, 로저스가 아이폰과 관련해 월 30캐나다달러 무제한데이터요금제를 내놓으면 받아들이겠느냐는 거예요. 저는 "YES"를 클릭했는데 결과를 보니까 찬성이 87%, 반대가 7%, 모르겠다가 6%네요.

아무래도 압권은 스티브 잡스Steven Jobs 애플 회장에게 보내는 서한이라고 해야겠죠.

… 실망스럽게도 로저스는 미국 AT&T에 비해 매우 불공정한 요금제를 내놓았습니다. 그래서 어제(2008년 6월 27일) 이 요금제에 항의하는 소비자운동을 시작했지요. 2만 명 이상이 온라인 청원에 서명했고, (서명자) 숫자가 빠르게 늘고 있습니다. 72시간 만에 (항의) 사이트 순방문자도 15만 명을 돌파했고요. …

저는 아이폰을 사려고 했고, 여자친구와 가족들도 그랬어요. 불행히도 그럴 수 없게 됐네요. 스티브 당신이 힘을 써주세요. 우리는 충직한 고객이고 당신이 할 수 있다고 믿어요. 애플에 대한 신뢰를 버리고 싶지 않습니다.

대충 번역하면 이래요. 제임스 핼런이란 사람이 소비자를 대표해 썼대요. 스티브 잡스가 과연 어떻게 할까요? 로저스 경영진은 머리 좀 아프겠네요.

캐나다 소비자들의 온라인 항의시위를 보면서 많이 놀랐습니다. 우선 뜨거운 열기에 놀랐고 욕설이 거의 없다는 데 놀랐습니다. 감정을 자제한 채 논리적으로 따지는 걸 보고 이런 건 배워야겠다는 생각이 들더군요.

LA에선 휴대전화 들고 운전하지 마세요 | [통신]

운전하는 분들은 경험하셨을 텐데, 급히 어딘가를 가는데 이유 없이 차량 속도가 느려지면 마음이 급해지죠. 왜 이렇게 안 가나? 차가 많은가? 사고 났나? 차선이 늘어나는 지점에서 치고 나가면서 보니 맨 앞에서 어떤 운전자가 휴대전화로 통화하면서 운전하고 있네요. 이럴 때 기분 어떻든가요?

캘리포니아에선 앞으로 이런 꼴 안 봐도 될 것 같네요. 무슨 얘기냐 하면 운전 중 휴대전화 사용을 강력히 규제하는 법이 2008년 7월 1일부로 발효됐거든요. 앞으로 운전 중에 통화하려면 18세 이상은 반드시 핸즈프리Hands-free 기기를 사용해야 한대요. 18세 미만은 운전 중에는 휴대전화를 아예 못 쓰게 금지했고요.

이걸 어기면 당연히 벌금을 물어야죠. 처음 적발된 경우엔 20달러, 그 다음부터는 50달러인데 이것저것 더해져서 각각 93달러와 201달러쯤 내야 한대요. 그러니까 10~20만 원이란 얘긴데, 벌금이 장난이 아니네요. 이 돈이면 블루투스Bluetooth 헤드셋과 같은 핸즈프리 기기를 두세 개 사고도 남을 겁니다.

예외는 있죠. 의료·교통과 관련한 긴급차량에서는 운전 중에도 휴대전화를 쓸 수 있대요. 그리고 법이란 게 늘 그렇듯 허점도 있어요. 휴대전화를 들고 통화하는 건 안 되지만, 문자를 보내는 것은 괜찮다네요. 번호판을 누르는 것도 문제가 안 되고. 웃기죠. 이게 더 위험할 텐데. 그래서 법을 보완할 예정이라고 하네요.

캘리포니아뿐이 아니에요. 워싱턴주도 이날 운전 중 휴대전화 사용을 단속하기 시작했지요. 이에 앞서 뉴욕은 2001년부터 운전 중 휴대전화 사용을 규제했고, 워싱턴 D.C. 등 대여섯 개 지역이 뒤를 따랐대요. 미국 외에도 독일과 호주가 운전 중 휴대전화 사용을 규제하는 대표적인 국가라네요.

그렇다면 운전 중에 휴대전화를 들고 통화하는 대신 핸즈프리를 사용하면 더 안전할까요? 뉴욕의 경우, 단속을 시작한 2001년부터 2006년 사이에 운전 중 휴대전화를 들고 통화하다 발생한 교통사고가 1,170건인 반면 핸즈프리를 이용해 통화하다가 일어난 사고는 214건이었답니다. 확실히 더 낮긴 하네요.

휴대전화를 들고 통화하면서 운전하면 두 가지 측면에서 문제가 있대요. 통화에 정신이 팔려 집중력이 흐트러지고, 핸들을 한 손으로 잡고 있어 긴급상황에 제대로 대처하기 어렵다는 거죠. 라디오

청취는 수동적이라서 괜찮대요. 운전에 집중해야 하는 상황이 닥치면 라디오를 건성으로 듣게 된다고 하네요.

운전 중 휴대전화 사용에 관해서는 많은 연구 결과가 있는데, 몇 가지만 소개하면 이렇습니다. 사고 위험이 4배로 커진다(뉴잉글랜드 의학 저널), 미국에서만 연간 2,600명이 사망하고 33만 명이 부상당한다(하버드 센터), 운전 집중력이 37% 떨어진다(카네기멜론대), 음주운전과 비슷하다(유타대) 등이죠.

운전 중 휴대전화 사용을 규제하면 산업에는 어떤 영향을 미칠까요? 핸즈프리 불티나게 팔리겠죠. 캘리포니아 핸즈프리 상인들 입이 쫘악 벌어졌다네요. 대표적인 게 블루투스 헤드셋이고, 헤드폰이나 이어폰도 잘나간대요. 웬만한 고급차에는 블루투스 기능이 탑재된다는데, 머잖아 에어백처럼 기본으로 장착되겠죠.

우리나라도 수년 전 도로교통법을 고쳐 운전 중 휴대전화 사용을 규제하기 시작했죠. 그런데 처음에는 반짝 하더니만 지금은 안 지키는 것 같아요. 경찰관 친구한테 물어보니까 걸리면 3, 4만 원짜리 딱지를 끊는대요. 너무 적죠? 그래서 그런가요? 캘리포니아처럼 10만 원, 20만 원쯤 물려야 지킬까요?

댓글(1)

이름 | 비밀번호 | 블로그 또는 이메일 주소

CD-RW 핸즈프리 사용자가 휴대전화 사용자보다 사고가 적은 이유는 핸즈프리 사용자가 그만큼 적기 때문은 아닐까요? 핸즈프리나 휴대전화나 위험한 건 매한가지더라구요.

광파리 맞아요. 그렇게 말하는 사람도 있어요. 위험한 상황이 발생했을 때 상대방이 계속 말을 걸어와 집중력을 떨어뜨린다는 점에서는 휴대전화와 핸즈프리가 다를 게 없지요. 다른 점이라면 한 손을 사용하느냐 두 손을 사용하느냐 정도겠죠. 운전 중에 꼭 통화를 해야 할 경우라면 용건만 간단히 하는 게 좋을 것 같아요.

☐ 텍스티콘

블로그 | 포토로그 | 북마크 | 방명록 2008. 7. 10

애플 모바일미MobileMe도 3G 아이폰만큼 혁신적인가 | [통신]

직장인에게 스케줄 관리는 상당히 중요합니다. 오전 10시 기획실 회의, 낮 12시 A사 상무랑 점심, 오후 2시 B사 방문, 저녁 7시 대학 동창 모임…….

저는 이런 스케줄을 달력에 표시하지 않고 데스크톱 캘린더에 메모해둡니다. 집에서도 인터넷에 접속하면 회사에서 입력해둔 일정을 볼 수 있어 편합니다. 이런 방식에 문제가 있다면 반드시 인터넷에 접속해야 한다는 겁니다. 외부에서 일정을 확인하고 싶을 땐 난감하죠.

이메일도 마찬가지예요. 협력업체에서 급한 용무로 이메일을 보냈다는데 제가 이동 중이라면 열어볼 수 없지요. 정 급하면 PC방에라도 가야겠죠. 3세대 이동통신 서비스가 시작되면 이런 문제가 해결돼 유비쿼터스 세상이 활짝 열리리라 기대했건만, 아직도 걸음마 단계에 머물고 있는 것 같습니다.

이런 제게 안성맞춤인 서비스가 나왔네요. 애플이 3G 아이폰 발매를 이틀 앞두고 모바일미라는 서비스를 시작했어요. 몇 가지 특징에 눈길이 가네요. 사실, 애플은 2G 아이폰으로 닷맥(.Mac)이라는 서비스를 제공했는데 재미를 보지 못했습니다. 그래서 3G 아이폰을 내면서 모바일미로 업그레이드를 한 거죠.

모바일미는 2008년 6월, 애플 개발자 회의에서도 소개됐지요. 간단히 말하면 무선동기화Sync 및 온라인 스토리지서비스예요. 주요 서비스는 웹 기반 이메일, 캘린더, 주소록, 포토갤러리, 스토리지, 푸시 방식의 동기화 등이에요. 뒤에서부터 설명하자면 데스크톱, 노트북, 휴대전화(아이폰), MP3플레이어(아이팟터치) 등이 자동으로 동기화된답니다. 그래서 이메일, 캘린더, 주소록, 포토갤러리 등이 여러 기기에서 연동하고요.

저 같은 경우에는 캘린더서비스를 가장 많이 사용할 것 같아요. 언제 어디서나 어떤 단말기로든 일정을 입력하거나 확인할 수 있다면 편리하지 않겠어요? 스토리지는 20기가바이트를 준다는데 과연 얼마나 사용할는지 모르겠고, 포토갤러리는 휴대전화로 사진을 많이 찍는 분에겐 유용할 것 같네요.

문제는 요금인데……, 1년에 99달러, 그러니까 10만 원쯤 되죠. 한 달에 9,000원이 조금 안 되나요? 3G 아이폰을 구입하는 고객에겐 69달러로 깎아준다고 하네요. 우리나라에선 3G 아이폰이 언제 나올지 모르는 상황이고, 또 워낙 유선 인터넷이 발달해 있어서 굳이 이런 서비스가 필요할까 싶기도 해요.

저는 모바일미가 두 가지 점에서 의미가 있다고 생각합니다. 일종의 유비쿼터스 서비스로 3세대 이동통신서비스의 지향점을 보여준다는 게 첫 번째고요, 애플이 본격적으로 모바일서비스를 시작했다는 게 두 번째예요. 우리나라 이동통신서비스 사업자들도 머잖아 모바일미와 비슷한 서비스를 내놓겠죠.

애플 관계자는 모바일미를 “웹하드와 이메일에 싸이월드를 결합한 것이라고 생각하면 된다”, “클라우드 컴퓨팅Cloud Computing 기술을 도입함으로써 기업에서 사용하는 솔루션을 개인도 쓸 수 있게 했다”고 설명하더군요. 그리고 한국에서도 닷맥서비스를 해왔기 때문에 모바일미로 업그레이드할 것이라고 덧붙였습니다.

아이팟터치에 대한 소식도 전해드릴게요. 2008년 7월 현재까지도 내놓기가 무섭게 팔리고 있다고 합니다. 아시아권에서는 한국에서 제일 잘나간대요. 누적판매대수는 밝히지 않았지만, 제 생각에는 수만 대 정도는 팔리지 않았을까 합니다.

이 관계자는 3G 아이폰에 관해서는 말을 아끼던데, 위피Wireless Internet Platform for Interoperability, WIPI 문제가 있어서 나서기가 곤란한가 봐요. 3G 아이폰은 위피 탑재 규제가 풀려야만 한국 시장에 내놓을 수 있겠죠. SK텔레콤과 KTF가 3G 아이폰을 잡으려고 물밑 경쟁을 벌일 텐데, 방송통신위원회가 위피에 대해 과연 어떻게 결론을 내릴지 모르겠네요.

휴대전화

블로그 | 포토로그 | 북마크 | 방명록 2008. 4. 27

모토로라Motorola는 베컴처럼 지는가 | [휴대전화]

아마 10년쯤 전이었을 겁니다. 중학교 동창회에 나갔는데, 한 친구 녀석이 모토로라 휴대전화를 꺼내 들고 얼마나 폼을 재는지……. 아마 스타텍StarTAC이었던 것 같습니다. 그때만 해도 허리춤에 호출기를 차고 다니던 때라서 누가 휴대전화를 꺼내면 다들 "야, 나 좀 보자"며 달려들곤 했죠.

삼성전자가 "한국 지형에 강하다"는 애니콜Anycall을 띄우기 시작한 것도 그 무렵일 겁니다. 그런데 10년 새 무슨 일이 일어난 걸까요. 모토로라가 삼성에 덜미가 잡혀 벼랑으로 몰리고 있네요. 모토로라가 어떤 회삽니까. 1983년에 세계 최초로 휴대전화를 상용화한 세계 최고最古의 통신기기 회사잖아요.

모토로라가 발표한 2008년 1분기 실적은 충격적이기까지 합니다. 휴대전화 판매대수가 39%나 줄어 시장점유율이 9.5%로 곤두박질했습니다. 모토로라의 시장점유율이 10% 밑으로 떨어진 건 아마 처음일 겁니다. 레이저RAZR로 깃발 날리며 22.4%까지 상승했던 2006년 말의 시장점유율에서 절반으로 떨어진 것을 보면 얼마나 심각한지 아실 수 있을 겁니다.

어쩌다가 이 지경까지 왔을까요. 축구 스타 데이비드 베컴David Beckham을 내세워 '헬로 모토Hello Moto' 광고를 융단폭격하고 있는데 약발이 별로 받지 않고 있습니다. 한마디로 레이저에 지나치게 의존한 결과지요. 2004년에 면도날처럼 얇다는 레이저를 출시한 이후에 이를 대체할 만한 새 모델을 내놓지 못했기 때문이에요.

최근 미국의 한 언론은 "2008년은 한국의 해가 될 것 같다"고 했습니다. 삼성과 LG를 두고 한 말이죠. 삼성은 2008년 1분기에 4,630만 대의 휴대전화를 팔아 2007년 1분기에 13.9%였던 시장점유율을 15.9%로 끌어올렸죠. 2008년이 끝나갈 즈음에는 모토로라의 안방인 미국 시장에서 모토로라를 제치고 선두로 나설 것이라고들 하네요.

LG는 어떤가요. 2008년 1분기에 소니에릭슨Sony Ericsson을 제치고 세계 4위를 탈환했죠. 또 연내에 모토로라까지 제치고 3위가 될 것이라고 전문가들은 예상하고 있습니다. 스트래티지 애널리틱스Strategy Analytics라는 미국의 시장조사업체에 따르면 삼성과 LG의 휴대전화 부문 성장 속도는 세계 평균에 비해 각각 2배, 4배나 빠르다고 합니다.

모토로라의 추락에는 날개가 없는 것 같아요. 그레그 브라운Greg

Brown 모토로라 최고경영자는 최근 "지금이 바닥이다"고 말했습니다. 새 모델을 내놓기 시작했기 때문에 서서히 좋아질 거라는 거죠. 하지만 시장에서는 믿으려들지 않아요. '출혈'을 멈추게 할 확실한 새 모델이 나올 때까진 믿을 수 없다는 거죠.

아시다시피 모토로라는 2009년에 휴대전화 부문을 분리하기로 했습니다. 모토로라의 주식 6.4%를 가지고 있는 칼 아이칸Carl Icahn의 압력에 굴복해 '환부'를 도려내기로 한 것이죠. 모토로라 주식을 평균 14달러에 샀던 아이칸은 현재 10달러를 밑도는 주가가 분사 이후에는 20달러까지 오를 것으로 생각하는가 봐요.

모토로라가 헤맨다고 마냥 좋아할 일은 아닙니다. 선두인 노키아가 질주를 멈출 줄 모르기 때문이죠. 노키아는 2008년 1분기에 1억 1,550만 대를 팔았어요. 삼성, 모토로라, LG의 판매량을 모두 합한 것보다 더 많은 양입니다. 점유율은 무려 39.6%. 축구 선수에 비유하자면 노키아는 과연 누구일까요? 맨유의 호날두? AC밀란의 카카? FC바르셀로나의 메시?

댓글(1)

이름 | 비밀번호 | 블로그 또는 이메일 주소

양율모 누군가 제게 모토로라에 대해 이런 이야기를 하더군요. 모토로라는 망하지 않는다. 단지 현 시점에 모토로라에 투자한 사람들이 망하는 것이다. 저는 "모토로라가 망해가다가도 재기할 수 있듯이 영원한 강자도 없고 영원한 약자도 없다"는 의미로 받아들였습니다. 남의 불행을 나의 행복으로 받아들여 자만하지는 말자는 생각입니다.

☐ 텍스티콘

블랙베리Blackberry 들어오면 돌풍? 미풍? | [휴대전화]

캐나다가 한국에 통상압력을 넣었다는 말 들어 보셨나요? 못 들으셨나요? 그런데 그게 사실입니다. 2007년, 한국 주재 캐나다대사관 사람들이 한국 정부와 언론을 상대로 열심히 뛰었지요. 한국이 부당하게 휴대전화 시장을 닫아놓고 있다. 개방하지 않으면 문제 삼을 것이다. 이런 식으로 끈질기게 주장했습니다.

그 결과일까요. 마침내 빗장이 조금 풀렸습니다. 산업용에 한해서는 위피라는 국산 플랫폼의 탑재 여부를 따지지 않기로 했나 봐요. SK텔레콤이 캐나다 리서치 인 모션Research In Motion, RIM의 블랙베리란 휴대전화를 들여와 공급하기로 했대요. '산업용'이란 전제가 붙긴 하지요. 이미 정부 승인을 받았고, 앞으로 가격협상과 망연동테스트를 거쳐 2008년 8월쯤 판매를 시작합니다.

블랙베리는 세계 최고로 꼽히는 스마트폰이에요. 문자 배열이 PC와 똑같은 쿼티QWERTY 자판을 달고, 이메일을 송수신하기 편한 것이 특징이죠. 애플의 아이폰 아시죠? 이 아이폰보다 잘나간다고 보면 돼요. 2007년 4분기 미국 스마트폰 시장점유율은 블랙베리가 41%로 1위, 아이폰이 28%로 2위였어요.

블랙베리 휴대전화 삼총사. 왼쪽부터 펄(Pearl), 커브(Curve), 볼드.

림은 블랙베리 시리즈 단 하나로 세계 휴대전화 시장에서 6위까지 뛰어올랐다고 해요. 세계 2위인 삼성전자나 세계 4위인 LG전자에는 뒤지지만, 미국에서는 블랙베리 인기가 대단하죠. 오죽했으면 삼성이 블랙베리와 비슷한 블랙잭Black Jack을 내놓았겠어요. 안타깝게도 블랙잭은 블랙베리의 적수가 되지 못했습니다.

SK텔레콤이 블랙베리 중 어느 모델을 들여올지는 알려지지 않았습니다만, 아마 신제품인 볼드Bold일 겁니다. 볼드는 림이 2008년 5월 12일 블랙베리 소프트웨어 개발자 심포지엄에서 처음 공개한 모델인데, 림으로선 처음 선보이는 3세대폰이래요.

개인적으로는 볼드가 대단하다고 생각 안 해요. 200만 화소 카메라, 1기가바이트 메모리, GPS(위성위치확인시스템), 블루투스, 무선랜……. 이런 기능들은 오래 전부터 삼성폰이나 LG폰에서 보아왔던 거잖아요. 게다가 애플 아이폰, 삼성 햅틱Haptic, LG 프라다폰Pradaphone 등에 있는 터치스크린 기능도 없대요.

쿼티 자판과 이메일 기능? 미국 사람들은 좋아하는지 몰라도 한국에서는……, 글쎄요. 굳이 열 손가락으로 콩알만 한 자판 두드리려 하겠어요? 두 손가락으로도 귀신 같이 입력하는 우린데……. 삼성이 국내에 블랙잭을 선보였지만 재미 못 봤잖아요. 물론 이메일, 메신저 기능을 좋아하는 직장인들이 찾을 순 있겠죠.

제가 블랙베리를 너무 혹평했나요? 솔직히 블랙베리를 사용해보진 않았어요. 분명한 사실은 휴대전화의 이메일 기능이 우리 젊은이들에겐 크게 어필하지 못한다는 거죠. 왜 그럴까요? 유선인터넷 인프라가 너무 좋기 때문이에요. 굳이 이동 중에 휴대전화로 이메일 열어보려 하지 않는다는 얘기죠. 안 그런가요?

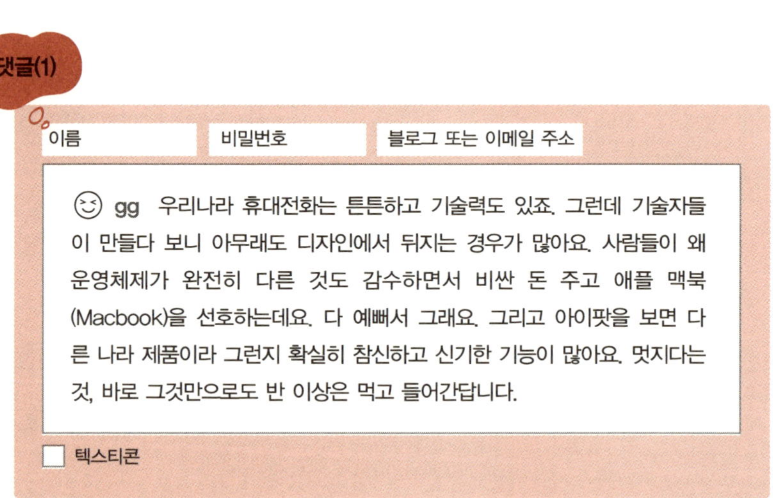

3G 아이폰의 혁신적인 기능 총정리 | [휴대전화]

애플이 마침내 3세대 아이폰을 공개했습니다. 2008년 6월 9일 미국 샌프란시스코에서 '애플 월드와이드 디벨로퍼 컨퍼런스 2008'이 시작됐는데, 스티브 잡스 최고경영자가 기조연설을 통해 이 야심작을 선보였습니다. 애플이 홈페이지를 통해 소개한 3G 아이폰의 기능을 정리했습니다.

① 전화 ABC 순으로 정리된 인명부를 손가락으로 튀기거나 이름으로 상대방을 검색해 전화를 건다. 여러 사람과 동시에 컨퍼런스콜도 할 수 있다.

② 메일 컴퓨터로 보는 것과 똑같다. MS 익스체인지, 모바일미, 구글, 야후, AOL 등 어떤 메일이든 주머니에 넣고 다니며 볼 수 있다.

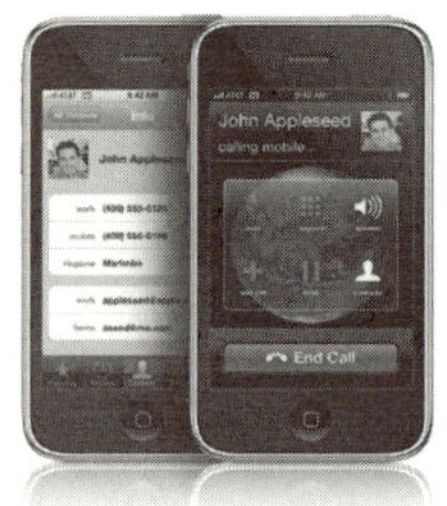

전화

메일

③ 웹브라우저 애플 웹브라우저 사파리Safari가 들어 있다. 3세대 네트워크나 와이파이Wi-Fi를 통해 인터넷을 이용할 수 있다. 구글과 야후에서 검색도 할 수 있다.

④ 아이팟 아이팟 기능을 갖췄다. 손가락 터치로 선곡하고 음악 감상 중에도 전화를 받을 수 있다. 비디오는 3.5인치 와이드스크린으로 감상한다.

웹브라우저

아이팟

⑤ SMS 위아래에 있는 수신창과 발신창을 보면서 문자를 주고받는다. 멀티터치multi-touch 키보드로 입력할 때는 단어가 자동으로 완성돼 입력 시간이 단축된다.

⑥ GPS 자신의 현재 위치를 지도로 확인할 수 있고, 인근 점포를 검색할 수도 있다. 특정 지역으로 가는 길이 지도 위에 표시된다. 지도 확대 기능도 있다.

SMS

GPS

⑦ 아이튠즈iTunes 아이튠즈 뮤직스토어에 접속해 음악을 구매할 수 있다. 음악과 앨범의 인기 순위가 뜬다. 음악을 구매하기 전에 30초 동안 들어볼 수 있다.

⑧ 애플리케이션 스토어 Application Store 게임, 교육, 엔터테인먼드, 헬스, 소셜 네트워킹 등 다양한 콘텐츠가 있다. 내려받아 바로 이용할 수 있다. 일부 콘텐츠는 무료다.

아이튠즈

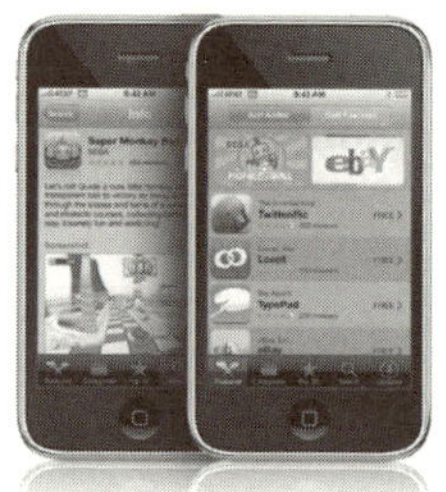

애플리케이션 스토어

⑨ **캘린더** 미팅 등 각종 일정을 달력에 메모할 수 있다. 아이폰 캘린더는 집이나 사무실에 있는 컴퓨터 캘린더와 싱크된다. 스케줄을 주머니에 넣고 다니는 셈이다.

⑩ **유튜브**Utube 3세대 네트워크나 와이파이 무선인터넷을 통해 유튜브 동영상을 검색해 감상할 수 있다. 북마크를 할 수도 있고, 동영상을 친구와 공유할 수도 있다.

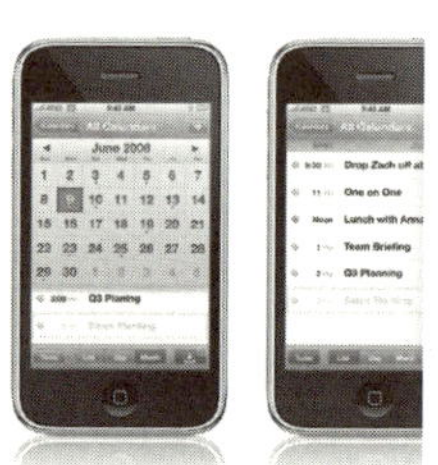
캘린더

유튜브

⑪ 사진·카메라 카메라와 포토 프로그램이 내장돼 있다. 찍은 사진을 모바일 갤러리에 담거나 아이튠즈 싱크 기능을 이용해 컴퓨터로 옮길 수 있다.

⑫ 계산기 간편하면서도 파워풀한 계산기 기능이 있다. 아이폰을 가로로 눕히면 정밀한 계산기로 변신해 복잡한 과학적 · 수학적 계산도 가능해진다.

사진·카메라

계산기

⑬ 주식, 날씨, 메모 야후 파이낸스를 통해 주식 시세를 확인할 수 있고, 세계 주요 도시의 현재 날씨와 6일간의 예보를 찾아볼 수 있다. 메모 기능도 있다.

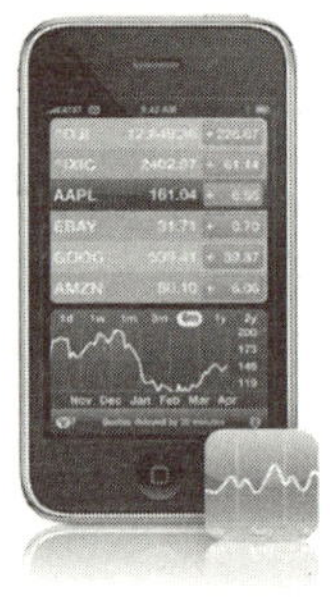

주식

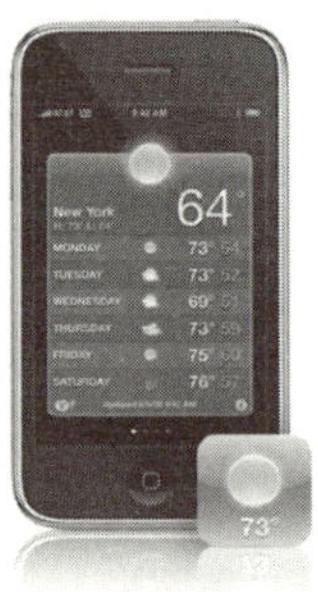

날씨

메모

댓글(3)

이름 | 비밀번호 | 블로그 또는 이메일 주소

방용희 이 기능들 중에서 제 애니콜 휴대전화에서 안 되는 기능은 공학용 계산기 빼곤 없습니다만, 도대체 무엇이 혁신이란 건가요? 지금까지 한국에서 당연히 되던 기능들뿐인데 그걸 애플에서 했다는 것이 혁신인가요?

gg 한국 터치랑 아이팟은 차원이 달라요. 터치를 인식하는 방법의 차이인데, 왜 혁신이라 그러는지 직접 써보고 말씀하세요^^ 사용자의 능력에 따라 기능이 무한 확장된답니다.

아이폰유저 구형이든 신형이든 아이폰이 다른 폰과 정말 다른 점이 뭔 줄 아세요? 바로 키보드가 없고, 화면은 작지만 하나의 완벽한 컴퓨터를 쓰는 느낌이 든다는 겁니다. 다른 스마트폰에 깔려 있는 휴대용 운영체제보다 훨씬 좋습니다.

텍스티콘

블로그 | 포토로그 | 북마크 | 방명록 2008. 6. 10

3G 아이폰이 20만 원! 휴대전화 가격파괴가 시작됐다 | [휴대전화]

애플이 반란을 일으켰습니다. 2008년 6월 9일, 미국 샌프란시스코 컨퍼런스에서 공개한 3세대 아이폰 가격이 8기가바이트는 199달러, 16기가바이트는 299달러랍니다. 우리 돈으로 20만 원, 30만 원이란 얘긴데, 기존 아이폰 가격이 얼마인지 아십니까? 8기가바이트는 399달러, 16기가바이트는 499달러예요. 혁신적인 기능을 대거 포함시키고도 가격을 20만 원이나 낮춘 겁니다. 아이폰은 더이상 비싼 휴대전화가 아닙니다.

이게 뭘 의미하겠습니까. 바로 가격파괴! 이제부터 휴대전화 시장에 가격파괴 바람이 거세게 몰아칠 것 같습니다. 세계 시장에서 휴대전화 평균 판매가격은 150달러 안팎입니다. 하지만 이머징마켓에서 염가 모델을 100달러 미만에 판다는 점을 감안해야 합니다. 캐나다 림의 블랙베리든, 삼성 블랙잭이든, LG 프라다폰이든 괜찮다 싶은 모델은 죄다 300달러를 훌쩍 넘습니다. 그런데 16기가바이트 3G 아이폰이 처음부터 299달러라니요.

노키아, 삼성, 모토로라, LG……, 큰일 났습니다. 가격도 가격이지만 애플이 '글로벌 플레이어'가 되겠다고 선언했거든요. 지금까지는 미국, 영국 등 6개 국가에서만 아이폰을 팔았습니다. 그러다 보니 판매량이 많지 않고 점유율도 미미했죠. 그러나 이젠 다릅니다. 일단 2008년 7월 11일, 22개 국가에서 3G 아이폰을 런칭하고 2008년 말까지 70개 국가로 늘리겠대요.

애플은 그동안 아이폰을 600만 대 팔았습니다. 미국 시장에서 아이폰을 팔기 시작한 게 2007년 6월 29일이니까 1년이 조금 안 됐군요. 2008년에는 1,000만 대를 팔겠다고 하네요. 단순 비교하면 67%를 늘리겠다는 얘긴데, 이것도 보수적으로 잡은 수치 같아요. 더 많이 팔 수도 있을 겁니다. 2009년 아이폰 판매량을 4,500만 대라고 전망하는 전문가도 있습니다.

물론 연간 판매량이 2억 대, 1억 대에 달하는 삼성, LG에 비하면 아직 마이너 메이커죠. 하지만 애플이 '비기너'란 점을 감안해야 합니다. 단 하나의 모델로 1년 새 600만 대를 팔았다면 결코 무시할 수 없습니다. 특히 첨단 스마트폰이잖아요. 골프에 비유하자면 머리 올리는 날 첫 홀에서 버디를 잡았다고나 할까요.

애플 3G 아이폰이 한국 시장에는 언제 들어오느냐? 아쉽게도 당장은 아닌 것 같네요. 애플 사람들이 SK텔레콤, KTF와 열심히 접촉

했지만, 지금은 소강상태라네요. 협상이 사실상 중단됐대요.

가장 큰 걸림돌이 뭔지는 아시죠? 한국형 플랫폼 위피를 탑재해야 하는 문제죠. 정부는 도대체 이상한 규제를 왜 계속 고집하는지 모르겠어요. 정보통신부가 없어지고 방송통신위원회가 들어섰는데 정부 방침이 뭔지도 모르겠대요. 2007년에는 캐나다 림이 주한대사관을 통해 규제를 강력히 항의했죠. 우리 정부가 도대체 누굴 위해 위피를 고집하는지 모르겠네요.

댓글(1)

이름 | 비밀번호 | 블로그 또는 이메일 주소

김태훈 아이폰 가격 관련해서는 수익 모델을 함께 봐야 이해하기가 쉬울 듯합니다. 애플은 AT&T에 2G 아이폰을 공급하는 대신 이를 구매한 사람이 쓴 요금 중 일부를 가져갔지요. 휴대전화 제조사가 이동통신사의 수익 일부를 나눠 갖는 특이한 모델이었죠. 그러다 보니 아이폰 가격이 다소 높았던 게 사실이구요. 애플은 3G 아이폰에서 이 수익 모델을 변경했답니다. 다른 제조사처럼 이동통신사로부터 단말기 가격만 받는 형태로 말입니다. 대신 가격을 낮추기 위해 공급협상 시 이동통신사가 보조금을 얼마나 쓸지 미리 확약을 받았다고 합니다. 199달러, 299달러는 보조금을 제공한 후의 가격인 거죠. 이런 수익 모델 변경도 고려해야 할 듯합니다.

☐ 텍스티콘

인스팅트Instinct가 아이폰 짝퉁이라고? | [휴대전화]

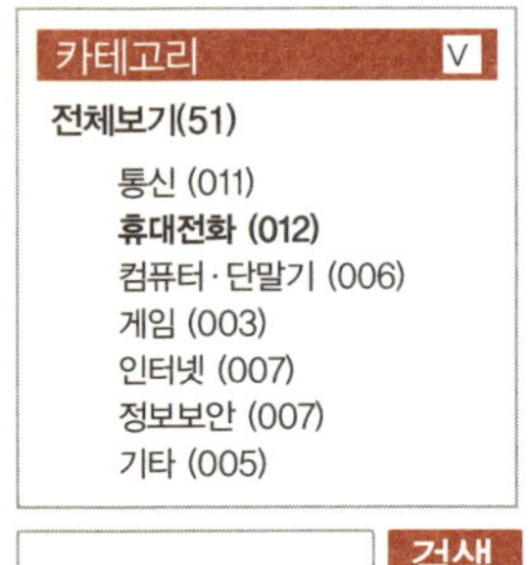

AP통신이 속상한 이야기를 했습니다. 미국에서 세 번째로 큰 이동통신 사업자인 스프린트넥스텔이 삼성이 만든 3세대 휴대전화 인스팅트를 내놓았는데, 이게 "iPhone clone"이래요. 삼성을 한 수 아래로 보는 것 같아 괜히 제가 화나네요.

제가 봐도 겉모양은 비슷하죠. PDA형 디자인에 터치스크린까지……. AP통신 기자는 "터치폰은 많지만 인스팅트만큼 아이폰을 닮은 것은 없다"고 썼네요. 기능에서도 많이 닮았대요. 또 2007년에 나온 1세대 아이폰에 비해서는 확실히 낫대요. 쳇, 세계 2위 휴대전화 메이커를 이렇게 가지고 놀다니.

아무튼 분석만큼은 똑 부러지게 했습니다. 인스팅트의 장점으로는 아이폰보다 작아 휴대하기 편하다, 동영상도 녹화(아이폰은 스틸만 가능)된다, 햅틱 기능(아이콘을 누르면 가볍게 진동)이 있다, 배터리가 탈착식(아이폰은 뗄 수 없음)이다, 라이브 TV 서비스를 이용할 수 있다 등을 꼽았네요.

단점으로는 스크린 화소가 아이폰의 3분의 2밖에 안 돼 그림이나 영화가 덜 선명하다, 터치스크린이 한 손가락만 가능(아이폰은 두 손가락으로 화면을 확대하거나 줄일 수 있음)하다 등을 지적했어요. 하나 더 있군요. 똑같은 3세대폰이라도 리비전Revision A 네트워크를 사용하기 때문에 로밍에서 불리하다.

삼성전자가 미국 스프린트넥스텔에 공급하고 있는 3세대폰 인스팅트.

무슨 말이냐 하면 세계적으로 3세대 이동통신은 SK텔레콤의 T나 KTF의 쇼와 같은 WCDMA 방식이 절대적으로 우세한데, 삼성 인스팅트는 스프린트넥스텔의 리비전 A 네트워크를 이용한다는 거죠. 리비전 A는 LG텔레콤의 오즈와 같은 건데, 이걸 채택한 사업자가 많지 않아 글로벌 로밍에서 불리하죠.

AP통신 기사는 훌륭해요. 그런데 왜 제가 화가 나느냐? '미국 중심, 애플 중심' 으로 썼기 때문입니다. 인스팅트는 2008년 4월 초 라스베이거스에서 열린 정보통신전시회 'CTIA 2008' 에서 "Best in Show Award"를 받은 제품이에요. 그렇다면 두 달 늦게 나온 3G 아이폰이 인스팅트의 클론 아닌가요?

제가 이렇게 투덜거리는 것도 한국 사람이기 때문일 겁니다. 휴대전화를 연간 2억 대 파는 삼성을 600만 대 파는 애플보다 한참 아래로 보는 게 못마땅하다는 거죠. 하지만 어쩌겠습니까. 애플이

2007년에 아이폰을 내놓은 뒤로 웬만한 휴대전화는 죄다 "아이폰 클론"인 걸요.

한 가지만 덧붙일게요. 인스팅트가 국내에도 나오느냐? 이미 나왔다고 보면 돼요. 햅틱이 바로 국내용 인스팅트죠. LG텔레콤 가입자들은 "리비전 A 폰이라면 LG텔레콤용으로 내면 될 것 아니냐"고 하겠죠. 하지만 삼성 측 대답은 부정적이네요.

후기

인스팅트는 햅틱을 기반으로 만든 기기지 햅틱은 아닙니다. 그런데 제가 글을 쓰면서 햅틱을 두둔하는 듯한 인상을 풍기는 바람에 뭇매를 맞았습니다. 햅틱 반응이 안 좋다는 말은 들었지만, 소비자들이 이렇게 많이 실망하고 있는 줄은 몰랐습니다. 한경닷컴 블로그를 이용하시는 분들은 좀처럼 댓글을 많이 달지 않는데, 이건 아니다 싶었던가 봅니다. 삼성은 반성 많이 해야 할 듯합니다.

아이폰 킬러는 터치 다이아몬드Touch Diamond? | [휴대전화]

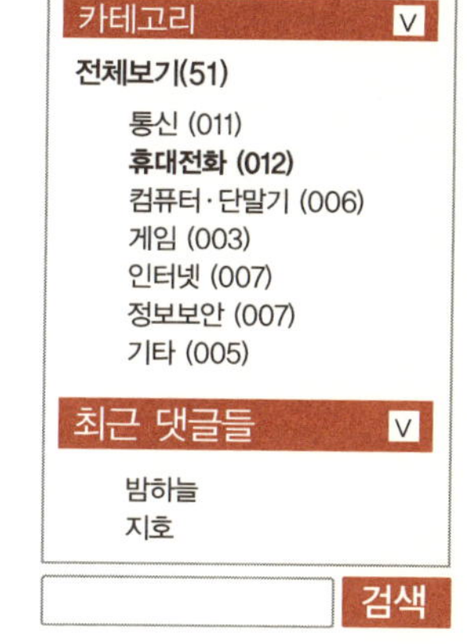

미국 언론이 대만 HTC의 신제품을 "아이폰 킬러"니 뭐니 하면서 잔뜩 띄워주고 있네요. HTC라면 설립된 지 11년밖에 안 된 애송이인데, 규모가 팬택 정도 되려나? 믿기지 않아서 HTC 홈페이지 들어가봤어요. 그런데 실물을 안 봐서 정확한 것은 모르겠지만 장난이 아니네요.

신제품 이름은 터치 다이아몬드로, HTC가 2008년 6월 14일 대만에서 발매했습니다. 가격은 무려 786달러. 우리 돈으로 80만 원인데, 8기가바이트 3G 아이폰의 4배나 되네요. 물론 3G 아이폰과 달리 보조금이 반영되지 않았지요. 가격을 더 높게 책정하려 했는데 애플이 3G 아이폰을 저가에 내놓는 바람에 낮췄다고 하네요. 미국, 유럽 등지에서도 곧 판매할 예정이라고 하는데 반응이 어떨지 궁금하네요.

터치 다이아몬드는 HSDPA 방식의 3세대 스마트폰이에요. 이메일과 인터넷 기능은 당연히 갖췄죠. 가장 돋보이는 특징은 터치플로TouchFLO입니다. 3D, 주소록 앨범 등을 책장 넘기듯 손가락으로

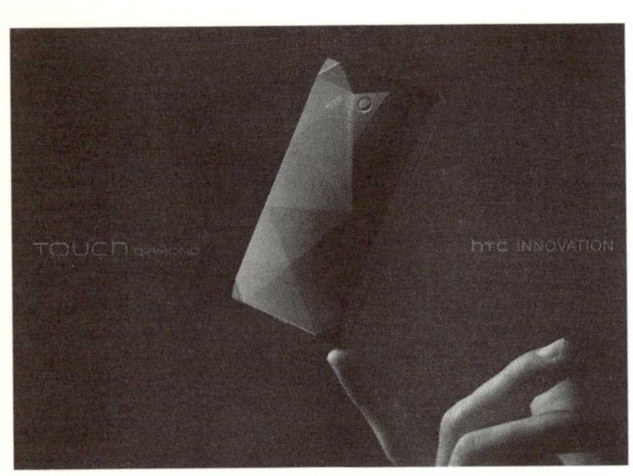

대만 HTC가 새로 내놓은 3세대 휴대전화 터치 다이아몬드.

넘기는 기능이죠. 홈페이지에서 이 기능을 설명하는 동영상을 보면서 깜짝 놀랐어요. 아니 이게 대만제 맞아?

뒷면도 특이해요. 다이아몬드의 다각형을 형상화했어요. 그래서 터치 다이아몬드겠죠. 화면은 2.8인치로 3.5인치인 3G 아이폰보다 작아요. 또 가로가 102밀리미터에 세로가 51밀리미터, 두께는 11.35밀리미터, 무게는 110그램으로 3G 아이폰보다 1밀리미터 얇고 23그램 가벼워요. 또 GPS와 300만 화소 카메라를 장착했지요.

이 제품이 처음 공개된 후 외신들이 거침없이 "아이폰 킬러"란 표현을 쓰길래 과장이라고 생각했어요. 물론 직접 써본 사람들의 평가가 많이 나오지 않아 아직 단정하기엔 이르죠. 하지만 충분히 관심을 가질 만하다고 생각해요. 가격 보세요. 786달러! 믿는 구석이 없다면 이런 가격을 부를 수 없죠.

저는 이 제품을 보면서 팬택을 생각했어요. 팬택은 경영난에 처하기 직전에 세계 10위권에 들었지요. 7위, 5위로 쑥쑥 치고 올라가겠다고 했는데 자빠지고 말았죠.

HTC, 결코 띄엄띄엄 볼 선수가 아니네요. 홈페이지 한번 보세요. 곳곳에 "Innovation"이라고 써놨어요. 뒤집어엎겠다는 얘긴데, 깡이 대단하네요.

댓글(2)

이름 | 비밀번호 | 블로그 또는 이메일 주소

밤하늘 유럽 쪽에서는 인기가 많은 것 같아요. 네덜란드에서 이 모델을 산 친구한테 LG나 삼성은 어떠냐고 물어봤어요. 삼성은 디자인이 좀 투박한 면이 있는 것 같다고 하더군요. 사람마다 다르기는 하겠지만, 우리나라도 휴대전화 뒷면에 좀더 신경써야 하지 않나 하는 생각도 드네요. 여기 소개된 모델은 "이 전화를 쓰는 모습을 보는 사람들의 시선"까지도 생각한 모델 같아서요.

지호 제가 지금 이 모델을 쓰고 있습니다^^;;; HTC. 처음엔 OEM 방식으로 했는지 아는 사람이 별로 없다가 애플의 아이폰이 생긴 이후부터 독자적인 브랜드를 강화하는 듯하더군요. 대만제라고 무시하면 안 된다는 생각이 듭니다.

☐ 텍스티콘

독일에선 3G 아이폰을 담배 한 갑 가격에 살 수 있다? | [휴대전화]

독일에서는 애플의 3G 아이폰을 담배 한 갑 가격에 살 수 있다고 하네요.

도이체텔레콤Deutsche Telecom 계열 이동통신사인 T-모바일이 발표를 했는데, 메모리가 8기가바이트인 모델은 약정에 따라 최저 1유로에서 169.95유로에 팔고, 16기가바이트 모델은 19.95~249.95유로에 판다고 합니다. 1유로면 우리 돈으로 1,600원쯤 되는데, 보통 담배 한 갑이 2,500원이니까 담배보다 싼가요?

물론 아무한테나 1유로에 파는 건 아니죠. 2년 약정에 월 69유로짜리 요금제에 가입하는 헤비유저에게만 저렴하게 판매한답니다. 69유로면 얼만가요. 11만 원쯤 되네요. 저 같은 라이트유저라면 169.95유로, 그러니까 27만 원 다 줘야겠죠. 그래도 그게 어딥니까. "판타스틱한" 3G 아이폰을 27만 원에 산다는데…….

미국에서는 AT&T가 8기가바이트짜리는 199달러, 16기가바이트짜리는 299달러에 팔기로 했죠. 우리 돈으로 20만 원, 30만 원이면 3G

아이폰을 살 수 있다는 얘기죠. 애플이 2008년 6월 9일 3G 아이폰을 발표한 후 우리 네티즌들이 관심을 많이 갖는 것은 언젠가는 국내에도 들어올 것이라고 기대하기 때문이겠죠.

애플 3G 아이폰을 1유로에 판매한다고 한 T-모바일 홈페이지.

사실 우리나라의 휴대전화 가격은 비싼 편입니다. 삼성, LG의 휴대전화 수출단가는 150달러(15만여 원) 안팎인데요, 국내 판매가격은……, 공식적인 자료는 없지만 훨씬 비쌀 거예요.

예를 들까요. 가격비교 사이트 다나와(danawa.com)를 뒤졌더니 삼성 햅틱은 28만 2,700원(보상기변)~51만 9,000원(번호이동), LG 프라다폰은 44만 5,000원(일반신규, 번호이동)~58만 원(보상기변)이네요. 물론 지금도 공짜로 주는 휴대전화, 많죠. 하지만 조건이 까다롭거나 헤비유저에 해당하는 경우가 대부분이죠.

T-모바일은 미국 시장에도 진출했는데 공격적으로 파고들고 있나 봐요. T-모바일 미국법인 홈페이지에 올라온 휴대전화 가격 한번 보세요. 삼성 제품도 공짜 모델이 대여섯 개나 있어요. 물론 조건이 붙겠죠. 일정 기간 사용하겠다는 약속을 받고 보조금을 준 거겠죠.

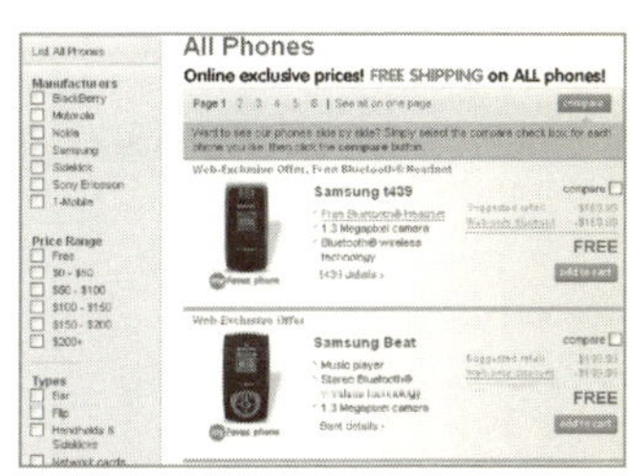

T-모바일 미국법인 홈페이지에 삼성 휴대전화가 "Free"로 올라온 모습.

외국산 휴대전화가 국내에 들어오면 경쟁이 치열해져 가격이 많이 떨어질 텐데……. 최근에는 3G 아이폰을 들여오려고 어느 이동통신사가 접촉했다더라, 세계 1위 휴대전화 메이커인 노키아가 2008년 하반기 중 한국 시장에 다시 진출한다더라 하는 얘기가 많이 나오고 있는데, 가능성이 있는 얘기지요.

변수는 정부의 위피 탑재 의무화 방침이에요. 한국에서 판매할 제품에는 위피라는 한국형 플랫폼을 탑재해야 하는데, 노키아나 애플 같은 외국 업체들에는 넘기 힘든 무역장벽으로 작용하죠. 이 규제가 풀리지 않는 한 한국 소비자들은 3G 아이폰을 쓰기 어려울 거예요.

한 이동통신사 간부가 그러더군요. 규제가 풀리면 휴대전화 가격이 많이 떨어질 거라고 하더군요. 그리고 국내 휴대전화 시장의 30% 가량을 외국산이 잠식하게 될 거래요. "위피 규제가 연내에 풀리긴 어려울 것"이라고도 하더군요.

정부로서도 고민이 많을 거예요. 휴대전화 관련 업체들을 돕는다는 취지에서 플랫폼을 표준화했던 것인데 이제 와서 위피를 포기할 수도 없고, 그렇다고 소비자 편익을 마냥 외면할 수도 없으니 애물단지겠죠. 국내 산업 육성과 소비자 편익, 지금 시점에서는 이 둘 중에서 어느 것을 중시해야 할까요?

댓글(2)

이름 비밀번호 블로그 또는 이메일 주소

3hyun2 휴대전화를 한 번도 안 사보신 분이 올리신 내용 같군요. 요금 11만 원짜리로 2년 약정이라면 공짜로 못 사는 폰 아마도 없을 걸요?

광파리 아이 뜨끔. 맞습니다. 아르고(Argo)를 예로 들게요. 출고 가격은 67만 7,600원인데 옥션 같은 곳에선 1,000원에도 판매합니다. 조건은? 2년 약정에 월정액 9만 원짜리 요금제를 선택하는 것이죠. 이 경우 LG텔레콤 측에서 24개월 동안 매월 2만 2,500원을 지원하고 모집자(대리점) 측에서 나머지 13만 원 남짓을 지원하지요. 모집자는 LG텔레콤한테 받을 장려금 등을 가입자 모집에 미리 활용하는 셈이고요. T-모바일이 3G 아이폰을 2년 약정에 11만 원에 공급하는 경우와 비슷하다고 봅니다. 이런 까다로운 조건 없이 그냥 아르고폰을 장만하려면 현금으로도 50만 원 이상 줘야 합니다. 이런 경우를 감안해도 우리나라 휴대전화 가격은 비싼 편이라고 생각합니다.

저는... 대체 위피의 기능이 뭔지 모르겠더군요. 이 위피를 유지함으로써 어떻게 국내 산업이 도움이 되는지도 모르겠고……. 표준화로 발전하기도 힘든 우물 안의 시스템으로 되어가고 있는 것 같은데, 국내 산업 보호도 좋지만 과보호는 지양되어야 할 것 같아요.

광파리 주간경제지 〈비즈니스위크(Business Week)〉가 이 문제를 지적했네요. "한국은 세계에서 유일하게 아이폰이 안 통하는 나라"라고. 위피라는 특별한 소프트웨어를 쓰게 한다고.

□ 텍스티콘

모토로라가 뒤늦게 500만 화소 카메라폰을 내놓은 까닭은 | [휴대전화]

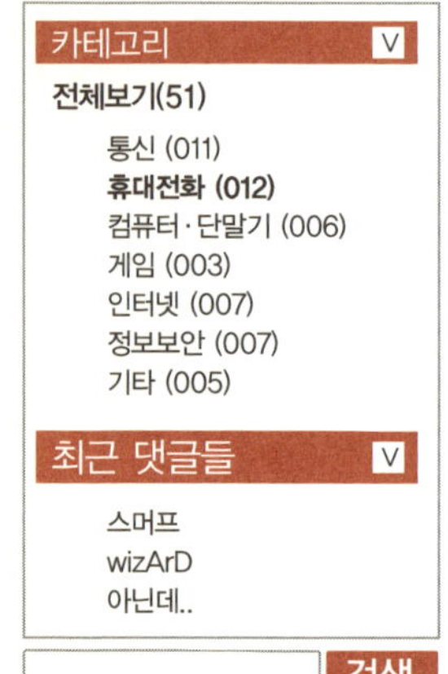

3, 4년 전 삼성과 LG가 벌였던 카메라폰 화소 경쟁을 기억하시나요? 100만, 200만, 300만에 이어 500만 화소폰까지 앞서거니 뒤서거니 경쟁적으로 내놓았지요. 싸움은 삼성이 700만 화소폰을 내놓으면서 일단락이 났는데, 삼성은 "더 이상의 경쟁은 무의미하다"며 일방적으로 휴전을 선언했죠.

기술 경쟁은 멈췄지만 후유증은 컸습니다. 양사가 카메라폰 경쟁을 벌이는 사이, 모토로라가 레이저라는 슬림폰을 내놓고 돌풍을 일으키기 시작했던 겁니다. 삼성은 뒤늦게 V740으로 추격에 나섰지만, 모토로라와의 격차는 크게 벌어지고 말았죠. LG는 소니에릭슨에 4위를 내주고 5위로 내려앉았고요.

그런데 2008년 6월, 묘한 일이 벌어졌습니다. 모토로라가 중국 베이징에서 첫 500만 화소폰 ZN5를 내놓은 겁니다. 아시다시피 모토로라는 삼성한테 휴대전화 세계 2위 자리를 내줬을 뿐만 아니라 분사 위기에까지 처했잖아요. 이런 판국에 남들도 다 파는 500만 화소폰으로 뒤집기를 시도하려는 걸까요?

모토로라가 코닥과 함께 개발한 500만 화소 카메라폰 ZN5.

여기에는 나름대로 의미가 있다고 생각합니다. 무엇보다 제휴했다는 점을 주목해야겠죠. ZN5는 모토로라가 코닥Kodak과 함께 2년 동안 개발한 카메라폰입니다. 지금까지도 카메라폰은 많이 나왔지만, 카메라업체와 공동으로 개발한 건 ZN5가 처음이죠. 앞으로 이렇게 전문업체와 제휴해서 만든 제품을 계속 내놓을 거랍니다.

삼성과 LG는 카메라폰 경쟁을 주도하면서 "디지털카메라를 대체할 것"이라고 기대했죠. 그런데 카메라폰은 대박을 터뜨리지 못했습니다. 왜 그랬을까요? 화질이 선명하지 않고, 사용하기 불편하고, 업로드 하기가 쉽지 않기 때문이었대요. 그런데 모토로라는 코닥의 힘을 빌려 이런 문제를 해결했다고 하네요.

화질은 프로세싱 스마트, 퍼펙트 터치 등 코닥 소프트웨어를 활용해 개선했다고 하는데, 휴대전화 부품을 줄여 디지털카메라에서 사용하는 제논Xenon 플래시를 탑재해 오래 노출하지 않고도 밝은 사진을 얻을 수 있게 했대요.

편의성도 높였다고 하는데, 휴대전화를 눕히면 오른손 검지가 닿는 곳에 셔터가 있다고 하네요. 줌 버튼은 왼쪽에 있고 말이죠. 또

메뉴를 조작할 필요 없이 렌즈 커버만 열면 카메라로 변신하고, 휴대전화 화면은 뷰파인더가 된대요. USB나 블루투스, 와이파이 등을 이용해 사진을 쉽게 PC로 옮길 수도 있고요.

한마디로 모토로라가 가지고 있는 휴대전화 기술에 코닥의 카메라 기술을 결합함으로써 카메라폰의 수준을 한 단계 끌어올렸다는 겁니다.

모토로라는 2008년 말까지 각국에서 판매를 시작할 것이라고 합니다. 그런데 ZN5는 3세대폰이 아니라 2세대 내지 2.5세대 휴대전화예요. 게다가 GSM, 즉 유럽식이라서 한국에 그대로 들여올 수는 없죠. 모토로라코리아는 한국 출시와 관련해 "결정된 바 전혀 없다"고 하더군요.

주가가 5년래 최저 수준으로 곤두박질한 가운데 기업사냥꾼 칼 아이칸의 압박에 시달리고 있는 모토로라. 획기적인 신제품이 나와야 분위기를 반전시킬 수 있을 텐데, 남들이 3, 4년 전에 선보인 500만 화소 휴대전화를 내놓았습니다. 코닥과 함께 개발한 거라 다르다고 하는데 과연 새 무기가 될 수 있을까요?

바로가기 □ | 이 블로그를 □ | 로그인

댓글(3)

이름 | 비밀번호 | 블로그 또는 이메일 주소

스머프 전 코닥카메라만 쓰고 있는데, 퍼펙트 터치 하나만으로도 메리트가 있네요. 코닥의 이미지 처리 프로세싱 능력은 정평난 것이고, 나머지 카메라 기능이야 전문 카메라에 비해 떨어지겠지만 코닥의 색감만 제대로 표현한다면야. 근데 모토로라는 전원 관리가 시원찮아서 배터리도 빨리 닳고 배터리 수명도 타제품보다 짧은 게 문제입니다.

wizArD 판세를 뒤집기에는 조금 부족해 보이지만, 그래도 아직 죽지 않았다는 것 정도는 보여줄 수 있을 것 같은데요. ^^

아닌데.. 제가 알기로는 삼성은 1,000만 화소까지 만들었어요.

광파리 나중에 1,000만 화소폰이 나온 건 맞습니다. 그런데 카메라폰 화소 경쟁은 700만 화소에서 일단락이 났고요. 1,000만 화소폰은 그로부터 1, 2년이 지난 뒤에 나온 거죠. 삼성, LG의 화소 경쟁은 양사 엔지니어들의 자존심 경쟁 양상으로 비화됐죠. 그래서 700만 화소폰을 내놓으면서 "이제 그만하자"고 했답니다.

□ 텍스티콘

가격파괴 신호탄, 노키아 휴대전화 | [휴대전화]

7년 전인 2001년에 핀란드 정부의 초청으로 핀란드에 다녀온 적이 있습니다. 노키아 본사도 방문했고 울루 산업단지도 둘러봤지요. 만나는 사람마다 노키아 이야기를 하는 게 인상적이었습니다. 노키아에 대한 자부심이 대단하더군요. 하기야 핀란드를 '노키아의 나라'라고 하잖아요. 노키아가 먹여 살리는 나라…….

당시에 노키아는 한국 진출을 준비하고 있었죠. 그런데 제가 보기에는 노키아 휴대전화가 크고 투박하더군요. 그래서 노키아 본사를 방문한 자리에서 물어봤죠. 한국 시장에 어떤 모델을 내놓을 거냐고, 또 기존 모델로는 한국 사람들을 감동시키기 어려울 거라고 했죠. 그러자 "한국 시장조사를 했다"면서 "자신 있다"고 하더군요.

그로부터 얼마 후 노키아가 한국 시장에 진출했는데, 결과는 아시죠. 참담한 실패. 1년쯤 팔다가 짐 싸들고 철수했지요. 주로 GSM 휴대전화를 만들던 회사가 CDMA 시장을 공략하기는 쉽지 않았겠죠. 제 예상대로 한국 소비자 취향을 잘 몰랐던 것도 실패의 원인이

었을 거예요.

그런 노키아가 한국 시장에 다시 들어온다고 하네요. 블로그에 줄곧 노키아 얘기만 쓰시는 외로운까마귀 님이 올린 글을 보니까 노키아가 이미 전파연구소 형식 승인을 받았군요. 제조자가 노키아 티엠씨던데, 마산에서 생산한 제품을 내놓으려는가 봐요. 인증을 받았다면 조만간 망연동테스트를 하겠죠. SK텔레콤보다는 KTF가 더 서두른다고 하네요.

노키아가 한국에 들어오면 뭐가 달라질까요? 소비자가 선택할 수 있는 폭이 넓어지겠죠. 여기에 휴대전화 가격이 많이 떨어질 거라고 봅니다. 경쟁이 치열해지면 적어도 10%, 많게는 30% 떨어질 거라고 보는 사람도 있더군요.

최근 삼성전자 핀란드 판매책임자 얘기가 외신으로 알려졌는데, 터치스크린 휴대전화로 핀란드 시장 공략을 강화하겠다는 게 요지였죠. 현재 6%인 시장점유율을 15%선으로 올리겠다는 겁니다. 노키아가 한국에 진출하면 응징하겠다는 걸까요? 세계 1, 2위 휴대전화 업체 간 싸움이 볼 만하게 됐네요.

블로그 | 포토로그 | 북마크 | 방명록 2008. 6. 29

진정한 아이폰 킬러는 LG 데어Dare? | [휴대전화]

미국 이동통신 시장에서는 4개 전국사업자와 20여 개 지역사업자가 경쟁하고 있습니다. 1위 업체는 AT&T이고, 버라이존 와이어리스와 스프린트 넥스텔이 이를 뒤쫓고 있는데, 시장점유율이 각각 28%, 26%, 23%니까 경쟁이 치열하겠죠. 이런 판에 1위 사업자가 가장 인기 있는 휴대전화를 싼값에 내놓았다면 어떻게 될까요?

아시다시피 AT&T는 3세대 이동통신 서비스를 이용할 수 있는 애플 3G 아이폰을 제공하는데, 가격은 보조금을 받아 199달러, 우리 돈으로 20만 원쯤 되겠죠. 터치 기능에 가격경쟁력까지 갖췄으니 게임 끝난 건가요? 미국 언론은 "아이폰 킬러" 없냐고 아우성이네요.

삼성 인스팅트는 "한 수 아래"

아이폰 킬러라……. 경쟁사들이 내놓을 신제품을 살펴보는 게 순서겠죠. 맨 먼저 삼성 인스팅트가 도마에 올랐어요. 3G 아이폰이 공개된 지 11일 후에 스프린트넥스텔이 비슷하게 생긴 인스팅트를 내놓았는데, 미국 언론은 한마디로 "아이폰 짝퉁"이라고 뭉개버리더군요. 강점도 있지만 "한 수 아래"라는 거죠. 인스팅트 가격은 130달러. 스프린트넥스텔도 한 수 아래라고 인정했는지 3G 아이폰보다 70달러나 낮게 책정했어요.

LG 데어는 "진정한 아이폰 라이벌"

인스팅트에 이어 주목받는 폰은 LG 데어예요. 미국 언론이 앞을 다퉈 보도했는데, 인스팅트와는 평가가 완전히 다르네요. "짝퉁"이니 뭐니 하는 혹평은 찾아보기 어렵고 대부분 호평하고 있죠. "진정한 아이폰 라이벌true iPhone rival"이라는 극찬까지 나왔어요.

데어는 프라다폰을 기반으로 개발했다는데, 프라다폰보다 낫고

애플 아이폰(AT&T)

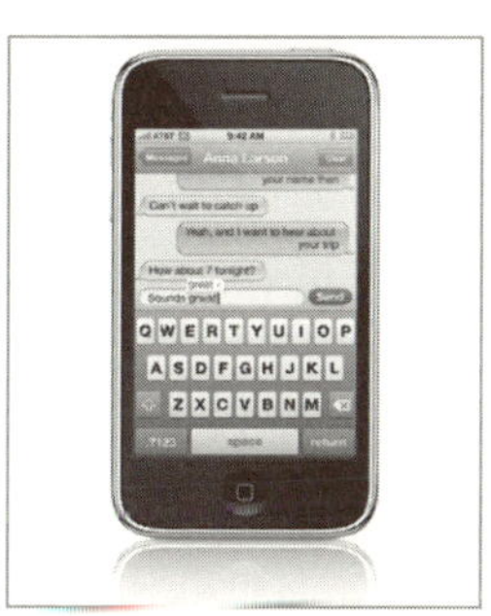

LG 데어(버라이즌 와이어리스)

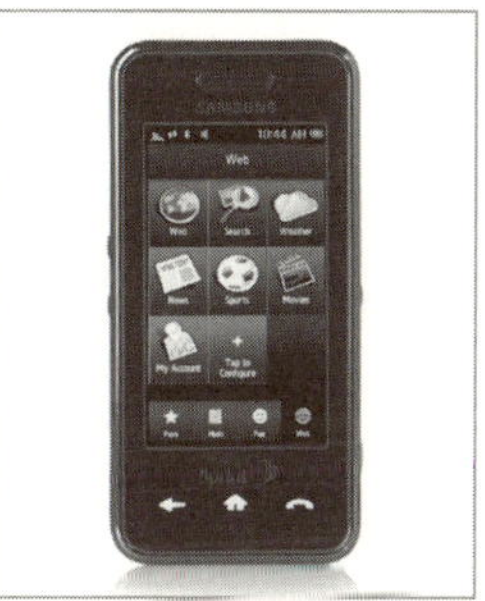

삼성 인스팅트(스프린트넥스텔)

몇 가지 면에선 3G 아이폰을 능가하는 것 같아요. 이름부터 당돌하죠. 아이폰이 우습다는 듯 "Dare"랍니다. "감히 ~하다"라는 뜻이잖아요. 가격은 3G 아이폰과 똑같은 199.99달러(2년 약정, 보조금 50달러). 감히 한 판 붙자는 건가요?

데어는 터치스크린 기능면에서 어떤 휴대전화보다 아이폰을 많이 닮았다고 하네요. 메뉴가 심플해 기능을 찾기 쉽고 "나만의 홈스크린"을 만들 수 있는 게 특징이래요. 드래그&드롭Drag&Drop 기능을 이용해 애플리케이션 아이콘을 끌어다 원하는 곳에 놓을 수 있다는 거죠. 3G 아이폰에 있는 더블터치 기능은 없대요.

멀티미디어 기능은 아이폰보다 나아

미국인들이 한눈에 반한 데어의 강점은 멀티미디어 기능이에요. 320만 화소(3G 아이폰은 200만) 카메라에 슈나이더-크로이츠나흐 Schneider Kreuznach 렌즈, 얼굴 인식, 파노라마 촬영……, 더 환상적인 건 캠코더 기능이죠. 초당 120프레임까지 촬영이 가능해 슬로모션으로 돌려볼 수도 있다는데, 아니 이걸 다들 처음 봤다고 하네요.

이밖에 하이엔드 휴대전화에 있는 첨단기능을 두루 갖췄대요. 버라이존 와이어리스의 V캐스트(애플 아이튠즈와 비슷한 음악 서비스)를 이용할 수 있는 기능에다 핸드라이팅, 디지털 2배 줌, HTML 웹브라우징, 모바일 이메일……. 자주 통화하는 상대를 9명까지 첫 화면에서 사진으로 쉽게 찾을 수 있는 것도 특징이죠.

과연 LG 데어는 3G 아이폰을 혼내줄 수 있을까요? 미국 언론들이 호들갑을 떠는데 믿기지 않네요. LG전자 홍보부장에게 물어봤죠. "터치 기능은 프라다가 원조잖아요. 성능에서 3G 아이폰에 밀리지 않아요. 아이폰보다 얇아서 손맛도 더 좋다고요."

LG 데어가 국내에서도 나올까요? 데어는 EV-DO나 EV-DO 리비전 A용이라고 하는데, 관계자 말에 따르면 버라이존 와이어리스와 함께 개발한 모델이라서 국내에 내놓을 계획은 없다고 하네요. 하지만 프라다2가 나온다면 데어와 비슷한 형태가 될 수 있겠죠. 프라다2에 관해선 아직 밝혀진 게 없지만요.

댓글(1)

이름 | 비밀번호 | 블로그 또는 이메일 주소

마루 아이폰, 데어, 인스팅트 3개 모델이 접전이 벌이질 경우 데어가 아이폰 킬러로 나설 것이란 진단을 내리신 듯합니다. 공감하는 부분이지만 모바일 시장의 변화가 급진적이니 또 어떤 모델이 고개를 내밀지 그것이 더 궁금해지는 것 같습니다.

광파리 삼성 인스팅트는 스프린트넥스텔이 가입자 이탈을 막기 위한 용도로 내놓은 것 같네요. 기능에 비해 가격이 저렴해서 그런지 초반에 많이 팔려나가는가 봅니다. 스프린트넥스텔이 좋아한다고 하네요.

☐ 텍스티콘

블로그 | 포토로그 | 북마크 | 방명록 2008. 7. 9

빙하가 무너진 날, 노키아의 보도자료가 돋보인 이유 | [휴대전화]

로이터Reuters 통신이 2008년 7월 8일, 전 세계에 충격적인 사진을 전송했습니다. 바로 아르헨티나 페리토모레노 빙하가 무너져 내리는 사진인데요. 1981년 유네스코UNESCO로부터 세계자연유산으로 지정된 이 빙하는 지구 온난화로 인해 서서히 녹아내렸다는군요.

비슷한 시기에 세계 최대 휴대전화 메이커인 핀란드의 노키아는 휴대전화 재생에 관한 보도자료를 냈습니다. 13개 국가에 걸쳐 6,500명의 소비자를 대상으로 실시한 휴대전화 재생에 관한 설문조사 결과에 대한 것이었는데요. 한마디로 쓰지 않는 휴대전화가 거의 재생되지 않고 있고, 대부분의 사람들이 재생해야 한다는 사실조차 모르고 있다고 합니다.

저는 놀랐습니다. IT부장 시절에는 노키아의 괴물 같은 경쟁력에 놀랐지요. 점유율이 40%선까지 거침없이 오르고, 경쟁사들이 영업이익률 10%를 지키느라 안간힘을 쓰는 동안에도 20%대를 기록하곤 했죠. 그런 노키아가 휴대전화 재생 정책에 있어서도 경쟁사들을 압도하고 있다는 생각에 놀란 겁니다.

빙하가 녹아내리는 가운데 노키아가 휴대전화를 하나라도 더 재생하려고 애쓰는 모습을 보면 사람들은 노키아가 좋은 기업이라고 생각하겠죠. 원유 가격이 치솟아 '3차 오일쇼크'란 말이 나오고, 지구 온난화로 점점 더워지는데 우리의 라이벌은 환경을 위해 애쓰는 모습을 보여주고 있는 겁니다.

조사 결과는 이렇습니다. 쓰지 않는 폐휴대전화를 재생하게 한다는 응답자는 전체 응답자의 3%에 불과한 반면 그냥 서랍 속에 넣어둔다는 응답자는 44%나 됐대요. 다행인 것은 쓰레기와 함께 버려 매립하게 한다는 응답자가 전체 응답자의 4%에 그쳤다는 사실입니다. 휴대전화를 땅에 묻으면 자원낭비에 환경오염까지 초래하니까요.

저도 크게 다르지는 않습니다만, 다들 환경문제를 심각하게 생각하지 않는가 봐요. 응답자의 74%가 휴대전화 재생에 대해서는 생각해보지 않았다고 답했고, 휴대전화도 재생이 가능하다고 생각하는 사람도 절반에 불과했대요.

참, 조사 대상국은 핀란드, 독일, 이탈리아, 러시아, 영국, 미국, 중국, 인도네시아, 브라질 등이고, 한국은 포함되어 있지 않습니다.

그까짓 것, 재생하면 얼마나 큰 도움이 된다고……. 이렇게 생각하는 분도 계실지 모르겠네요. 그런데 노키아가 제공한 자료에 따르면 휴대전화의 65~80%를 재생할 수 있고, 30억 명이나 되는 전 세계의 휴대전화 사용자가 한 번씩만 재생에 동참한다면 24만 톤의 부품을 재생하게 된대요. 또 자동차 400만 대를 길에서 제거하는 것과 같은 탄소배출 억제효과도 거두고요.

노키아가 재생에 눈을 돌린 건 어제오늘의 이야기는 아닙니다. 이미 85개 국가에 폐휴대전화 수거거점을 마련했고, 2008년에 들어서는 케냐, 나이지리아, 세네갈, 우간다 등 아프리카 5개 국가에서 폐휴대전화를 수거하기 시작했대요. 폐휴대전화를 수거하면서 새 단말기를 구매하도록 유도하는 거야 물어 볼 필요도 없겠죠.

노키아는 이번 조사 결과를 활용해 폐휴대전화 재생 캠페인을 펼칠 예정이라고 하네요. 소비자들에게 왜 재생해야 하고, 어떻게 해야 하는지를 알리겠대요. 폐휴대전화 수거 상자도 늘리고, 보상판매 프로그램도

노키아가 홈페이지를 통해 소개한 폐휴대전화 재생 개념도.

강화하겠답니다. 물론 재생 대상에는 휴대전화 단말기뿐만 아니라 배터리와 액세서리도 포함되지요.

삼성과 LG가 모토로라를 제치고 세계 2, 3위 휴대전화 메이커가 됐는데, 이들이 재생을 위해 무슨 노력을 하고 있는지 저는 잘 모르겠어요. 이들은 레이저가 돌풍을 일으킬 때는 모토로라와 힘겨운 싸움을 벌여야 했고, 현재는 애플, 캐나다 림, 대만 HTC 등 다크호스들의 추격을 따돌려야 하는 실정이죠.

사람마다 생각이 다르겠지만, 삼성, LG도 대단하다고 생각해요. 세계적으로 휴대전화 4대 중 1대가 한국산이라면 자랑스럽게 생각해도 되겠죠. 첼시 유니폼에 적힌 "Samsung Mobile"이 자랑스럽지 않던가요? 다만 우리 기업들이 어서 여유를 찾아 제품 재생에도 좀더 관심을 기울였으면 좋겠네요.

애플, 이번엔 장외홈런? | [휴대전화]

애플이 또 대형사고를 쳤습니다. 3G 아이폰 발매 하루 전에 앱스토어App Store라는 온라인 장터를 열었는데요, 이게 정말 대단하네요. 소프트웨어 개발업계는 물론 세계 이동통신 시장에도 큰 반향을 일으킬 것 같아요. 헤럴드트리뷴Herald-Tribune이 "3G 아이폰보다 훨씬 혁신적"이라고 썼을 정도예요.

앱스토어가 뭐길래? 한마디로 개방형 애플리케이션 장터예요. 다시 말하면 아이폰이나 아이팟터치용 응용 소프트웨어를 사고파는 곳입니다. 누구든지 애플리케이션을 개발해 이곳에 내다 팔 수 있어요. 게임이나 교육, 건강, 엔터테인먼트 등과 관련된 애플리케이션을 팔고 애플한테 30%를 떼주면 돼요.

앱스토어는 상생 비즈모델

앱스토어는 아이폰만큼 혁신적인 서비스라고 할 수 있어요. 왜냐? 봉이 김선달식 같으면서도 누이 좋고 매부 좋은 비즈니스 모델이 압권이기 때문이죠. 애플은 개발 툴을 공개하고 전 세계 개발자들에게 문호를 열어놨어요. 그리고 좋은 것만 골라 올리고 거래액의 30%를 수수료로 챙기는 겁니다.

그렇다고 이 방식이 약탈적이냐? 그렇지 않아요. 전 세계 개발자들이 애플한테 몰려드는 이유가 뭐겠어요. 돈이 보이기 때문이겠죠. 제대로 된 '물건' 만 만들면 가만히 앉아서 전 세계를 상대로 팔 수 있잖아요. 30% 수수료요? 그까짓 게 뭐가 아깝겠어요. 이동통신사들한테 당한 설움을 생각하면 천국이죠.

아이폰 사용자의 입장에서는 어떨까요? 최고죠. 전 세계 개발자들이 몰려들어 애플리케이션을 만들어 올릴 테니까요. 그것도 아주 싼값에. 애플이 앱스토어를 열면서 몇 개를 올렸는지 아세요? 무려 500개랍니다. "없는 게 없다"는 입소문만 나 봐요. 아이폰 사려고 난리 나겠죠. 그렇잖아도 끝내주는 폰이잖아요.

선발대로 어떤 선수들이 들어왔을까요? 페이스북Facebook, 마이스페이스My Space, AOL, 이베이eBoy, 세가Sega, 뱅크오브아메리카Bank of America……. 그동안 SK커뮤니케이션즈가 모바일 싸이월드를 키우려고 얼마나 애를 썼습니까. 그런데 양대 소셜 네트워킹 업체가 나란히 앱스토어에 입점한 겁니다. '재야의 고수' (중소 개발업체)들에게 거는 기대도 크지요.

1억 달러 규모 펀드까지 등장

애플은 앱스토어에 관한 방침을 밝혔는데, "수익을 7 대 3으로 나눈다", "25%를 무료 애플리케이션으로 채운다", "전체의 90%를 9.99 달러(약 1만 원) 이하에 판매한다" 등이에요. 그러니까 스토어 오픈과 함께 올린 500개 중 125개가량이 공짜란 얘기죠. 그리고 초기에는 30%를 게임으로 채우겠대요.

2008년 6월, 애플이 개발자 회의에서 앱스토어 방침을 밝힌 뒤 참여 제의가 쇄도하고 있다고 하네요. 스티브 잡스 회장이 "개발자들의 반응이 정말 뜨겁다"고 말했다고 해요. 앱스토어 개발자들을 지원하기 위한 1억 달러 규모의 펀드까지 등장했어요. 이름이 아이펀드iFund인데, 주문이 2,000건이 넘는대요.

애플의 힘은 개방적인 자세에 있다

애플의 힘! 저는 '개방'에서 나온다고 봅니다. 문호를 열고 개발자들을 참여시키는 전략이죠. 개방과 참여와 공유라는 웹2.0Web 2.0 철학에도 맞고, 집단지성을 활용하는 방식이기도 하죠.

우리나라 이동통신사들은 어떤가요. 자기네가 다 하겠다고 꽉 움켜쥐고 있잖아요. 모바일 콘텐츠로 돈 벌었다는 사람 봤어요?

헤럴드트리뷴은 스티브 잡스의 이런 경영철학이 '실패'에서 비롯됐다고 분석했더군요. 매킨토시Macintosh 시절 더 좋은 PC를 만들고도 애플리케이션 개발자들을 끌어들이지 못해 IBM한테 졌다는 뜻이겠죠. 20여 년이 지난 지금, 스티브 잡스는 화려하게 부활해 세계 IT업계를 이끄는 리더로 인정받고 있지요.

애플은 2007년 6월 아이폰을 내놓아 세계 휴대전화업계를 발칵 뒤집어놓았죠. 그 전에는 아이팟과 아이튠즈로 세계 디지털음악 시장을 석권했고요. 이제는 3G 아이폰과 앱스토어로 모바일 애플리케이션 시장을 재편할 태세군요.

컴퓨터
·
단말기

A4 크기의 엡손Epson 전자종이신문 보셨나요 | [컴퓨터·단말기]

프리미어 리그 축구 경기를 시청하느라 잠을 설치고 출근하는 날, 지하철에 타자마자 자리를 잡고 조는데, 옆자리 아저씨가 신문을 펼치더니 부스럭부스럭……. 잘못 걸렸구만. 별 수 있나요. 정신 집중해서 자는 수밖에.

앞으로 3, 4년만 지나면 이런 일은 옛 추억이 될 것 같네요. 2008년 5월 18일부터 23일까지 미국 LA컨벤션센터에서 열린 디스플레이 전시회 'SID 2008'에서 엡손이 공개한 13.4인치 전자종이신문을 한번 보세요. 13.4인치면 A4 크기죠. 신문이 어떻게 변할지 많은 걸 생각하게 하네요.

사람들은 이 엡손 시제품의 화질이 너무나 선명한 것에 깜짝 놀랐다고 하네요. 이 정도면 신문을 굳이 종이로 만들 필요가 있을까, 종이신문을 충분히 대체할 수 있겠다 하고 말이죠. 전자종이신문이 나오면 지하철에서 옆 사람 눈치 보며 신문 넘기지 않아도 되겠지요.

엡손은 이미 2006년에 7.1인치짜리 전자종이를 선보인 적이 있

엡손의 전자종이신문 단말기.

어요. 이 크기면 책은 가능하지만, 신문 한 면을 통째로 집어넣기엔 부족하대요. 이제 A4 크기 시제품을 개발했으니 상황이 달라졌죠. 엡손은 조만간 시장조사를 시작할 예정인데, 마이니치신문每日新聞, 산케이신문産經新聞 등이 큰 관심을 보이고 있대요.

물론 전자종이신문은 이미 상용화됐죠. 미국 아마존Amazon이 2007년 11월부터 킨들Kindle이라는 전자종이신문을 팔고 있습니다. 구독료는 뉴욕타임즈New York Times가 월 14달러, 월스트리트저널Wall Street Journal이 월 10달러, 타임Time이 주 1.5달러예요. 프랑스 경제신문 레제꼬Les Echos도 상용서비스 중이고, 국내에서는 조선일보가 시험서비스를 하고 있죠.

기존 단말기의 문제는 크기가 8인치 이하라서 신문 한 면을 담기에는 부족하다는 것이었죠. 게다가 화면이 흑백이고, 페이지를 넘길 때 잔상이 남는 문제도 있습니다. 그런데 최근 잔상이 남지 않게 하는 고속 칩이랑 펜 입력 기술도 개발됐대요. 전자종이신문을 읽다가 밑줄도 긋고 낙서도 할 수 있게 된 거죠.

전자종이신문 단말기로 신문만 읽을 수 있는 것은 아닙니다. 책, 잡지, 만화 등도 읽을 수 있습니다. 단말기는 20만 원이면 살 수 있을 테고, 신문은 한 종류당 월 3,000원 내지 5,000원에 구독할 수 있을 것 같은데……. 저도 궁금해요. 전자종이신문이 나오면 많이들 사 볼까요?

댓글(2)

이름 | 비밀번호 | 블로그 또는 이메일 주소

최찍사 전자종이신문 상용화. 무선송신 비용이 포함된 건가요? 그리고 단말기의 배터리 소모량이 많을 듯한데요?

광파리 콘텐츠를 내려받는 비용은 걱정하지 않아도 될 것 같습니다. 아마존 킨들의 경우 다운로드 비용을 따로 받지는 않는답니다. 배터리 수명 역시 계속 길어지고 있어 괜찮을 것이라 하네요.

촌닭왕자 접을 수만 있다면 참 좋을 것 같은데……. 지갑처럼 주머니에 넣고 다니다 꺼내 볼 수 있으면 얼마나 좋을까?

광파리 기술적으로는 가능하대요. 다만, 처음부터 접는 모델을 내놓을 경우 가격이 너무 비싸 보급에 차질이 생길 수 있죠. 아마 상용화하고 1, 2년쯤 지나면 접는 모델이 나올 것 같아요. 그렇게 되면 주머니에 넣고 다닐 수도 있겠죠.

☐ 텍스티콘

스티브 발머Steve Ballmer는 스티브 잡스 짝퉁인가 | [컴퓨터·단말기]

"스티브 발머는 스티브 잡스의 짝퉁이다." 누가 이렇게 말하면 마이크로소프트 사람들이 주먹 쥐고 덤벼들겠죠.

스티브 발머는 세계 최대 소프트웨어 회사인 마이크로소프트의 최고경영자 아닙니까. 빌 게이츠의 하버드대 동창이자 창업 동료이기도 하고요. 게다가 빌 게이츠를 잇는 마이크로소프트 1인자이죠. 그런데 짝퉁이라뇨.

쉽게 설명하기 위해 한 말이니 화내지는 마세요. 무슨 얘기냐 하면 2008년 5월 27일 마이크로소프트가 윈도7Window 7의 멀티터치 기능을 공개했는데, "놀랍다"는 생각보다 "짝퉁 같다"는 생각이 먼저 들었습니다. 왜일까요? 애플이 2007년에 내놓은 혁신적인 휴대전화 아이폰을 연상시키기 때문이죠. 섣불리 판단할 일은 아니지만 말입니다.

천천히 말할게요. 2008년 5월 27일 샌디에이고에서 월스트리트

D 컨퍼런스에 참석한 빌 게이츠(오른쪽에서 두 번째)와 스티브 발머(오른쪽에서 첫 번째).

저널 주최로 'D: All Things Digital'이란 컨퍼런스가 열렸거든요. 마이크로소프트가 이날 윈도비스타Windows Vista를 이을 새 운영시스템 윈도7을 선보였어요. 2007년 1월에 발매한 윈도비스타가 빌빌대기 때문에 다들 다음 버전을 기다리고 있거든요.

컨퍼런스에서는 부사장급 임원이 멀티터치 기능을 시연했는데요, 컴퓨터 바탕화면에 있는 기능 아이콘을 손가락으로 터치하는 것만으로 컴퓨터를 작동시킬 수 있더군요. 다섯 손가락으로 선을 그으면 다섯 개의 선이 그려지고, 손가락으로 사진을 키우고 줄이고 뒤집는 등 마음대로 할 수도 있더라고요. 지도 사이트를 검색해 행사장 인근에 있는 커피 매장도 찾았어요. 물론 손가락으로.

그런데 빌 게이츠나 스티브 발머가 직접 시연하지 않아서일까요? 그다지 임팩트가 크지 않았어요. 윈도7 기능의 일부에 불과하다지만 멀티터치는 전혀 새로운 것이 아니잖아요. 애플 아이폰의 터치 기능과 기본은 똑같죠. 청바지 차림으로 아이폰을 설명하던 스티브 잡스에게서 뿜어져 나오던 카리스마는 느낄 수 없었어요.

물론 빌 게이츠와 스티브 발머도 컨퍼런스에 참석했죠. 두 사람은 윈도7, 야후 인수 건, 하버드대학교 학창시절 등에 관한 다양한 질문을 받았어요. 답변은 주로 스티브 발머가 했고, 빌 게이츠는 회사를 떠나는 몸이라 "나는 지원하는 입장"이라며 가능한 친구에게 마이크를 넘기려 노력했대요.

빌 게이츠는 이런 말을 했어요. 컴퓨터 입력장치가 키보드, 마우스에서 터치 방식으로 바뀔 것이다. 늘 하던 얘기죠. 2008년 5월, 한국에 와서도 이 이야기를 했고……. 그리고 윈도7이 발매되는 2009년 말이나 2010년 초쯤에는 멀티터치 기능이 지금보다 훨씬 업그레이드 될 겁니다.

윈도7의 진짜 모습은 2008년 10월 로스앤젤레스에서 열리는 마이크로소프트 개발자 컨퍼런스에서 공개되지 않을까 싶네요. 스티브 발머가 스티브 잡스의 짝퉁인지 아닌지는 그때쯤 판가름이 나겠지요. 확실한 것은 컴퓨터와 휴대전화가 갈수록 닮아가고 있어 스티브 발머와 스티브 잡스의 한판승부는 불가피하다는 거죠.

댓글(1)

이름 | 비밀번호 | 블로그 또는 이메일 주소

김기현 윈도7이 64비트 위주로 나온다면 다른 얘기가 되지요. 현재 32비트와 64비트 모두 지원한다고 하지만요. UI(User Interface)에 너무 신경 쓰지 마세요. 쿨한 것만 찾는 건 애플 아이폰을 좋아하는 신세대로 족합니다. 기업 시스템 환경에서는 뛰어난 네트워크 기능과 연산이 중요하고, 그런 관점에서 윈도7은 기대되는 유망주 중 하나입니다. 애플은 미국에서도 일반 기업용은 아니니까요. 한마디만 더, 윈도7의 가치는 64비트 컴퓨팅입니다. 나머진 사족이고요. 그리고 그게 세상을 좀더 빠르게 움직이도록 바꿉니다.

광파리 윈도7에 대해 판단하기엔 아직 이르다고 생각합니다. 님이 지적하신 대로 장점도 많고……. 아마 2008년 10월 컨퍼런스에서 제 모습 드러내겠죠. 마이크로소프트로서는 야심차게 준비하고 있을 테니 기대가 됩니다.

☐ 텍스티콘

블로그 | 포토로그 | 북마크 | 방명록 2008. 6. 7

핸드백에 쏘옥! 50만 원짜리 미니랩톱, 과연 뜰까 | [컴퓨터·단말기]

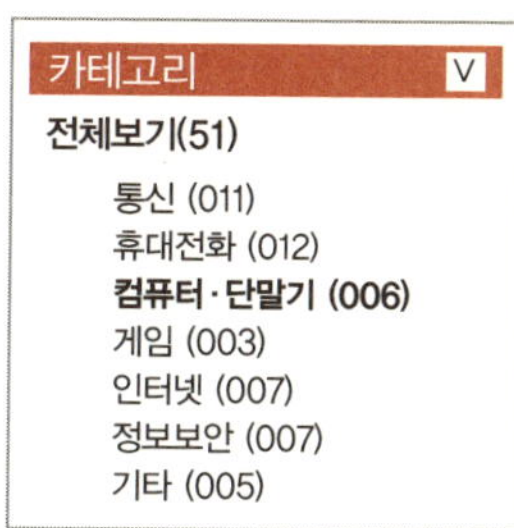

아래 사진은 대만 아수스Asus 홈페이지(www.asus.com)의 미니랩톱 Eee PC 홍보 화면입니다. 무엇을 의미할까요? 다섯 손가락으로 받칠 수 있다는 것은 작고 가볍다는 뜻인 것 같고……, "Eee"는 "배우기 쉽고Easy to learn, 작업하기 쉽고Easy to work, 가지고 놀기 쉽다Easy to play"는 뜻이겠죠?

아수스는 2008년 6월 7일에 끝난 '타이페이 컴퓨텍스 2008'에서 Eee PC 새 모델 3종을 공개했죠. 가격은 560~660달러쯤, 기존 모델이 299~499달러란 점을 감안하면 바로 위 가격대 제품군이죠. 종래의 7인치 화면은 9~10인치로 커졌고 메모리 등도 강해졌다고 하네요.

아수스 Eee PC는 굳이 분류하자면 서브노트북인데, 서브노트북치곤 너무 싸죠. 299달러면 30만 원, 거의 장난감 수

준이잖아요. 새로 나온 모델은 가격대가 평균 20만 원 정도 올랐는데 그래봤자 60만 원 안팎이에요. 그래서 전문가들은 Eee PC 같은 저가 노트북을 '미니랩톱' 또는 '미니노트북'이라고 하더군요. 무선인터넷 접속 기능을 강조해 '넷북Netbook'이라고도 하고요.

세계 4위 컴퓨터 메이커인 에이서Acer도 같은 전시회에서 어스파이어원Aspire One이라는 미니랩톱을 선보였죠. 이 제품은 인텔Intel이 새로 내놓은 저가 프로세서 아톰Atom을 장착했고, 512메가바이트나 1기가바이트 램RAM에다 8기가바이트 낸드플래시NAND Flash 또는 80기가바이트 HDD를 내장했어요. 가격은 우리 돈으로 40만 원쯤 한대요.

이 대목에서 질문. 50만 원 안팎의 미니랩톱이 과연 뜰까요? 10인치 미만에 1~2킬로그램이라면 핸드백에 넣고 다녀도 될 것 같은데……. 무선인터넷이 빵빵하게 터진다면 괜찮지 않아요? 데스크톱 없는 집은 거의 없을 테니까, 이동 중에 이메일도 확인하고 인터넷 검색할 용도로 미니랩톱을 사는 사람이 많지 않을까요?

컴퓨터 회사들이 앞을 다퉈 미니랩톱을 내놓는 걸 보면 비전이 있다고 보는가 봐요. 불황기에는 소비자들이 조금이라도 싼 제품을 찾을 것이란 얘기죠. MSI컴퓨터도 윈드Wind라는 미니랩톱을 499달러에 내놓고, 여름께는 399달러 모델도 선보일 거라 하네요. 델Dell

도 곧 뛰어들 거라 하고.

이 와중에 인텔이 저가 프로세서 아톰을 내놓았으니 미니랩톱 바람이 불 수도 있겠네요. 일단 경쟁이 붙으면 값은 떨어지면 떨어지지 오르진 않을 테고, 미흡한 성능은 갈수록 좋아지겠죠. JP모건JP Morgan의 한 애널리스트는 2008년에 300~500달러짜리 미니랩톱이 1,000만~1,500만 대 팔릴 것이라 예상했대요.

그렇다고 다들 낙관하는 것은 아니에요. 미니랩톱이 뜨지 않을 거라고 보는 사람도 있어요. 시장조사업체 IDC의 한 임원은 "이머징마켓에서는 50만 원도 고가라서 쉽게 지갑을 열지 않을 것이다, 선진국 소비자들은 좀 비싸더라도 성능이 좋은 서브노트북을 찾지 않겠느냐, 이메일은 스마트폰으로 확인하면 된다"고 했다네요.

저는 컴퓨터 전문가가 아니라서 잘 모르겠어요. 대학생 같이 경제력이 충분치 않은 소비자라면 솔깃할 것 같기도 하고, "그게 무슨 컴퓨터야, 장난감이지" 하는 사람도 있을 것도 같고요. 아무튼 니콜라스 네그로폰테Nicholas Negroponte가 말했던 "100달러 노트북"이 어린이용이 아니라 성인용으로 나올 날도 멀지 않은 것 같네요.

블로그 | 포토로그 | 북마크 | 방명록 2008. 6. 9

윈도XP PC, 매장에서 사라진다 | [컴퓨터·단말기]

마이크로소프트의 컴퓨터 운영시스템인 윈도XP도 가는군요. 공식적인 퇴장 날짜는 2008년 6월 30일. 한순간에 자취를 감추는 것은 아니고 단계적으로 사라지는데, 마이크로소프트는 미리 컴퓨터 제조업체와 소매업자들에게 윈도XP의 공급을 종료한다고 통보했지요. 이제 매장에서 재고가 떨어지면 윈도XP PC는 팔지 못하게 됩니다.

그동안 이용자들은 윈도XP 공급을 중단하지 말라며 마이크로소프트 측에 압력을 가했지요. 20만 명 이상이 서명에 동참하기도 했고요. 하지만 마이크로소프트로서는 어쩔 도리가 없다고 합니다. 2007년 말에 6개월을 연장했는데 또 연장할 수는 없다는 거죠. 기업이 자선단체도 아니고, 후속 제품인 윈도비스타를 팔려면 어쩔 수 없겠죠.

마이크로소프트는 윈도XP 홈페이지에 안내문을 올려놨더군요. 제품을 혁신하려니 어쩔 수 없다. 고객 협력사 등과 1년 이상 협의한 끝에 내린 결론이다. 그렇다고 하루아침에 사라지는 건 아니다.

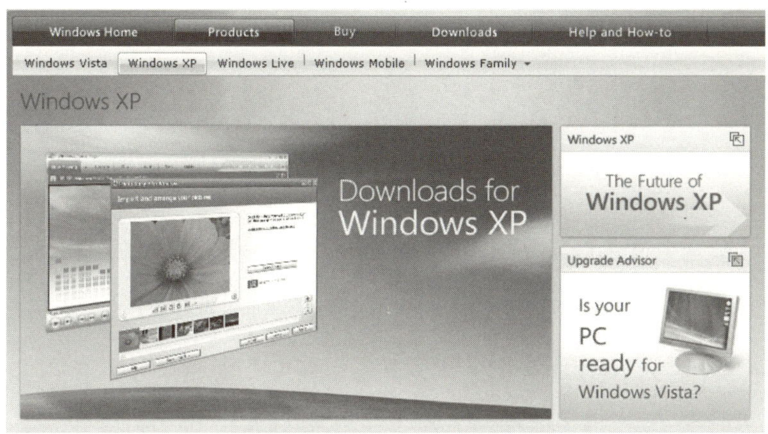

윈도XP 홈페이지. 윈도비스타로 교체할 준비가 됐느냐고 묻고 있다.

조립업자들은 2009년 1월까지 윈도XP PC를 판매할 것이다. 일반 기술 지원은 2014년까지 한다. 이런 내용이죠.

물론 예외가 있어요. 아수스의 Eee PC 같은 미니랩톱에는 2010년 6월까지 윈도XP를 공급한대요. 미니랩톱은 화면이 10인치를 밑돌고 가격이 50만 원 안팎인 작고 저렴한 노트북인데, 아수스나 에이서 제품에는 대개 리눅스Linux OS가 깔렸더군요. 마이크로소프트가 초저가 PC용만 공급하기로 한 것은 리눅스의 OS 시장 잠식을 견제하려는 전략이겠죠.

또 다운그레이드 전략을 활용하면 윈도XP PC를 살 수가 있습니다. 무슨 얘기냐 하면, 비즈니스 PC용 비스타 얼티미트Vista Ultimate

나 비스타 비즈니스Vista Business를 구매하는 고객에게는 윈도XP로 교체, 즉 다운그레이드할 수 있는 권리를 주겠다는 거죠. 이미 HPHewlett-Packard, 델, 레노버Lenovo 등은 다운그레이드 옵션을 제공하기로 했대요.

그렇다 하더라도 윈도XP PC를 구입하긴 어렵게 됐어요. 좋든 싫든 윈도비스타가 깔린 PC를 사야겠죠. 한국에서는 2007년 1월부터 윈도비스타가 공급되기 시작했는데, 인터넷뱅킹, 전자정부 등 각종 인터넷서비스를 이용할 수 없어 난리가 났었죠. 보안기능이 대폭 강화됐다고 했는데, 응용프로그램인 액티브XActiveX를 많이 사용하는 한국에서는 완전 "꽝"이죠.

아시다시피 윈도XP는 장수했어요. 2001년에 나와 2008년까지 세계 OS 시장을 주름잡았으니까 말입니다. 마이크로소프트는 후속 제품인 윈도비스타를 띄우려고 안간힘을 쓰지만, 윈도ME 신세가 될 것 같다는 얘기가 많아요. 윈도98에서 윈도ME를 대충 건너뛰고 윈도XP로 넘어갔듯이 2년 후 윈도XP에서 바로 윈도7으로 넘어갈 것이란 얘기지요.

댓글(3)

이름 | 비밀번호 | 블로그 또는 이메일 주소

비스타는 너무 무거운 운영체제입니다. 비스타 쓰시는 분들 가젯바 띄워놓고 CPU랑 RAM 사용량 보세요. RAM 사용량 쩝니다. 켜놓기만 해도 1G램 60%를 기본적으로 잡아먹고 있습니다. 기본적으로 1G램의 600M를 잡아먹고 시작하는 운영체제. 차라리 XP가 훨씬 나은 듯.

이구아나 그냥 밀고 XP 쓰시면 됩니다. 2014년까지는 업데이트를 지원하니까 적어도 5년 정도는 사용이 가능하다는 이야기지요. 비스타도 좋은 기능이 여러 가지 추가되어서 좋은 OS이기는 하지만 경차 타고 다니던 사람이 어느 날 중형차를 타는 느낌이랄까요? 비스타는 많이 느려요. 사용자 입장에서는 아무래도 불편하죠.

아즈라엘 비스타 몇 번 사용해 봤는데, 전 도저히 적응이 안 되더라고요. 프로그램 호환 문제도 있고, 무거워서 잘 안 돌아간다는 것도 문제죠. 뭐 무거운 것이 문제라면 윈도2000 돌리면 되지만 이미 업데이트 끝났죠.

☐ 텍스티콘

블로그 | 포토로그 | 북마크 | 방명록 2008. 6. 23

5만 원짜리 삼성 MP3 페블Pebble이 "Very Good" | [컴퓨터·단말기]

며칠 전 아들한테 MP3를 뺏기고 말았습니다. 자기 것이 고장 났다고 아빠 걸 달라는데……. 아들놈은 아빠가 무슨 속셈으로 MP3를 장만했는지 아마 모를 겁니다. 노래방에 갈 때마다 책 뒤지는 내가 싫어서 작심하고 장만한 건데…….

그래서일까요? 인터넷서핑을 하는데 삼성이 발매한 페블이 눈에 들어오더군요. 조약돌? 바둑알? 귀엽게 생겼네요. 더 환상적인 건 가격이에요. 40달러, 우리 돈으로 4만 원 남짓이면 살 수 있다는 얘긴데, 후배들한테 "짠돌이"란 말 들을 각오하고 점심 한 번 안 사주면 살 수 있겠죠.

미국의 리뷰전문사이트인 CNet 평점부터 봤어요. 10점 만점에 7.3, "Very Good"이네요. 하지만 아주 좋다는 뜻은 아닙니다. 보통이나 그저 그렇다는 뜻이죠. "Very Good(7.0~7.9)" 위에 "Excellent (8.0~8.9)", "Spectacular(9.0~9.9)"도 있고 "Perfect(10.0)"도 있으니까요.

삼성 MP3 페블의 이미지 화면.

스펙을 볼까요? 플래시형, 1.7×1.6×0.7인치, 1기가바이트, 14그램, USB를 이용한 PC 인터페이스, 리튬포리머 배터리, 색상은 블랙, 화이트, 퍼플, 레드, 그린, MP3, WMA, Ogg 파일 지원 등이네요. 32기가바이트 애플 아이팟터치ipodtouch를 봤더니 평점이 8.7, "Excellent"군요. 가격은 429~499달러로 페블의 10배.

기능 버튼은 뒷면에 있는데 "Play", "Pause", "Playback" 뿐이라네요. 물론 전원과 트랙 셔틀, 볼륨 버튼은 따로 있죠. 음향효과는 "Normal", "Studio", "Concert Hall" 등이 있네요. 배터리는 하나를 넣게 돼 있는데 13시간 쓸 수 있대요.

장난섬. 심플하고 귀엽고 싸고 입체음향 좋고, 반면 용량 작고 스크린이 없는 게 단점이죠. 기능도 너무 단순하고……. MP3 기능만 있으면 된다는 소비자라면 모를까, "장난감 같다"고 말하는 사람도 있겠어요. 레인콤Reigncom이 토끼 닮은 심플한 제품을 내놓았을 땐 여자나 어린이 취향이라서 관심을 안 가졌는데…….

삼성 옙Yepp MP3 홈페이지에 들어가서 보니 마음이 더 끌리네요. 게다가 가격이 1기가바이트짜리는 4만 9,000원, 2기가바이트짜리는 5만 9,000원. 노래 열 곡만 제대로 부를 줄 알면 노래방에서 "오빠~" 소리 들을 수 있을 텐데……. 가볍고 작아서 목에 걸고 다니다가 귀에 꽂고 흥얼거리면 열 곡쯤은 쉽게 외울 수 있을 테고……. 광파리가 아침부터 MP3 하나 놓고 고민하고 있네요.

자신감 되찾은 소니Sony, "삼성전자 나와!" | [컴퓨터·단말기]

카테고리 V
전체보기(51)
- 통신 (011)
- 휴대전화 (012)
- **컴퓨터·단말기 (006)**
- 게임 (003)
- 인터넷 (007)
- 정보보안 (007)
- 기타 (005)

검색

중소기업 사장 A씨는 2008년 들어 삼성 때문에 속을 많이 태웠다고 합니다. 삼성과 함께 프로젝트를 진행해 왔는데, 삼성 특검에 경영진 교체까지 겹치면서 반년 이상 허송세월했고 끝내 프로젝트가 무산됐다는 겁니다.

삼성의 라이벌인 소니는 어떤가요. 지난 3년간 이를 악물고 구조조정을 단행하더니 이젠 자신감이 충만한가 봅니다. 2008년 6월, 각국 기자들을 도쿄로 초청해 새로운 3개년 계획을 발표했지요. 삼성한테 밀려 자존심이 상했던 소니……. 3년 와신상담하더니 이렇게 외치는 것 같네요. "삼성전자 나와!"

소니가 발표한 내용은 국내 언론에도 많이 소개됐지요. 그래도 핵심만 쉽게 설명할까 합니다. 하도 야무진 계획이라서 관심을 갖지 않을 수 없네요.

10조 원대 사업 7개로 늘리겠다

소니가 1조 엔대(10조 원대) 사업을 7개로 늘리겠다고 하네요. 현재 1

조 엔대 사업은 LCD TV, 이미징(디지털카메라, 캠코더), 게임, 휴대전화 등 4개입니다. 이 분야에서 주도권을 유지하면서 2011년 3월 31일에 끝나는 2010 회계연도까지 PC, 블루레이Blu-ray 제품, 부품 · 반도체 등 3개를 추가하겠다는 겁니다.

아울러 2009년 3월까지 TV 사업을 흑자로 돌려놓겠답니다. 가동률을 대폭 끌어올리고 다양한 원가절감 조치를 취하겠대요. 그리고 삼성한테 내준 LCD TV 세계 1위 자리를 2010 회계연도까지 되찾겠다고 발표했네요. 소니는 앞으로 3년 간 1조 8,000억 엔, 우리 돈으로 약 18조 원을 투자할 계획이랍니다.

게임 사업도 2008 회계연도에 흑자로 전환시키겠다고 하네요. 게임기 원가를 대폭 낮춘 데다 플레이스테이션3Playstation3, PS3 타이틀을 많이 선보여 실적이 눈에 띄게 좋아질 거래요. 게임 분야에서는 네트워크 플랫폼 기반의 콘텐츠, 서비스를 강화하고 블루레이디스크를 앞세워 PS3 고객 기반을 넓히겠다고 밝혔네요.

네트워크 전자제품으로 승부하겠다

소니가 이번에 유난히 강조한 것 중 하나는 네트워크입니다. 통신 기능을 갖춘 전자제품으로 차별화하겠다는 얘기죠. 자신들이 생산하는 각종 디지털 제품을 이용해 영화, TV 프로그램 등을 "끊김 없이" 즐길 수 있게 하겠답니다. 브라비아Bravia LCD TV, PS3, PSP, 워크맨 등에 모두 네트워크 기능을 넣겠다는 거죠.

소니는 전자와 엔터테인먼트 사업을 병행하고 있어 자신이 있다고 하네요. 예를 들어 소니픽처스Sonypictures가 2008년 11월에 영화 〈한콕〉을 내놓을 예정인데, 미국에서는 DVD가 나오기 전에 인터넷에 연결된 브라비아 LCD TV로 즐길 수 있도록 하겠다는 겁니다. 배급사를 거치지 않고 TV로 직접 공급하는 건 처음이라네요.

브릭스(BRIC) 매출 2배로 늘리겠다

또 브라질, 러시아, 인도, 중국 등 이른바 브릭스 공략을 강화하겠답니다. 브릭스를 포함한 뉴마켓이 급성장하고 이 지역에서 소니의 사업도 급팽창하고 있으므로, 계열사들이 협조체제를 갖춰 공략하겠대요. 그래서 2010 회계연도에는 브릭스 매출을 2007 회계연도의 2배인 2조 엔으로 늘리겠다는 겁니다.

이익률을 삼성전자 수준으로 높이겠다

소니는 또 2010 회계연도까지 자기자본이익률ROE을 10%로 끌어올리겠다고 발표했는데, 최근 5년 간 ROE가 평균 5.8%였다니까 거의 2배로 높이겠다는 거죠. 찾아봤더니 삼성전자의 2007년 ROE는

소니스타일 홈페이지 초기화면. 최고가 되라고 권하고 있다.

15.3%였네요. 하워드 스트링거Howard Stringer 회장은 소니가 2005년 바닥으로 떨어진 뒤 살아나고 있다고 말했대요.

핵심만 정리한다고 했는데 꽤 길어졌네요. 제 느낌으로는 소니가 전열을 정비하고 선전포고를 한 것 같은데, 삼성은 과연 어떻게 대응할까요? 이건희 회장도 경영 일선에서 물러나고, 아직도 분위기가 좀 어수선한 것 같죠?

게임

원빈이 위Wii 휘날리면 | [게임]

요즘 제가 사는 아파트 단지가 좀 시끄럽습니다. 단지 안에 있는 상가에 PC방이 들어선다는 소식이 알려지자 부녀회가 들고일어난 거죠. 아파트 곳곳에 "PC방 들어서면 아이 교육 망친다"는 플래카드가 내걸렸어요. PC방을 차리려던 사람은 억울하겠지만, 엄마들 치맛바람 당해낼 재간 있겠어요.

온라인 게임이 나온 지 10년이 넘었습니다. 흔히 온라인 게임의 효시라 불리는 '바람의 나라'가 벌써 12살이 되었다고 합니다. 12살이면 철이 들 법도 한데, 제가 보기에 온라인 게임업계는 아직 철이 들지 않은 것 같습니다. 바다이야기 사태가 일어난 지 2년이 지난 지금까지 정신을 못 차리고 있으니까요.

무슨 얘기냐 하면 "온라인 게임=PC방=공부 훼방꾼"이란 낙인에서 벗어나지 못하고 있다는 말입니다. 중독성 강한 "리니지Lineage 아류"만 만들다 보니 12살을 먹도록 제대로 성장하지 못한 겁니다. 온 국민에게 온라인 게임에 대한 부정적 인식을 심어준 데 대해서는 변명할 여지가 없다고 봅니다.

그런데 얼마 전 TV 광고를 보다가 깜짝 놀랐어요. 일본 닌텐도任天堂의 비디오게임기인 위의 광고였는데, 영화 〈태극기 휘날리며〉에서 동생으로 나온 원빈이 모델로 나오더란 말입니다. 저 이쁜 총각이 "이 게임은 좋은 거예요"라고 하는데 안 넘어갈 엄마 있을까? 이런 생각이 들더군요.

닌텐도는 2008년 4월 26일 한국에서 위를 발매합니다. 인터넷몰에서는 예약 판매가 한창이에요. 가격은 22만 원. 3, 4만 원짜리 게임 타이틀 두어 개를 얹어도 30만 원이면 충분하겠죠. 젊은이들 사이에서는 "위가 한국 게임 문화를 바꿔놓을 것이다," "아니다, 온라인 게임에 눌리고 말 것이다" 등등 의견이 분분하다고 합니다.

위가 어떤 게임기인지는 아시죠? TV에 게임기를 연결해서 즐기게 되어 있는데, 게이머의 동작을 인식해 이를 게임에 그대로 반영하는 것이 특징입니다. 볼링 게임의 경우, 리모컨을 손에 쥐고 볼을 굴리는 동작을 취하면 TV 화면에서 공이 굴러가 핀을 쓰러뜨리는 모습이 나오는 식입니다.

닌텐도 위 게임기.

볼링뿐이 아니에요. 거실에서 TV 화면을 보면서 테니스, 야구, 축구, 탁구를 모두 할 수 있습니다. 어떤 게임이든 몸을 움직여 즐길 수 있죠. 정신없이 키보드를 두드려야 하는 게임과는 차원이 다릅니다. 또한 온 가족이 함께 즐길 수 있다는 것도 장점 중 하나입니다.

해외에서는 난리가 났어요. 2006년 4월에 발매한 이후 2,300만 대 이상이 팔렸다고 합니다. 마이크로소프트의 엑스박스360 Xbox360이나 소니의 플레이스테이션3도 맥을 못 추고 있죠. 2008년 3월, 미국에서 위는 72만 대 팔렸고, 엑스박스360은 26만 대, PS3는 25만 대 팔렸어요. 그러니까 둘을 합쳐도 못 당하는 거죠.

3, 4년 전만 해도 어땠는지 아세요? 비디오 게임기 시장에서 소니와 마이크로소프트가 자웅을 겨뤘어요. 닌텐도는 그야말로 "나가 놀아라"였죠. 그런데 DS와 위를 내놓으면서 판도를 뒤엎어버렸어요. 닌텐도의 위는 게임기에 대한 고정 관념을 바꿔놓았습니다. 혁신적이란 점에서는 애플의 아이폰에 견줄 만하죠.

위가 한국에서도 대박을 터뜨릴까? 모르겠어요. DS가 상당한 바람을 일으킨 걸 보면 가능성은 있다고 봅니다. 더구나 사람의 동작을 인식한다니 다들 관심을 갖겠죠. 어른, 아이 모두 즐길 수 있다는 것도 대단한 장점이죠. 다만 우리 아이들이 온라인 게임에 너무 친숙해져서 쉽사리 바꾸려들진 않을 거예요.

위를 보면서 '혁신'이 얼마나 중요한지 절감했습니다. 한국 온라인 게임은 어떤가요. 좀 답답하지요. IT부장 시절 "온라인 게임 살려야 한다"고 핏대를 높였지만 달라진 게 별로 없어요. 그래도 언젠가는 대박 터뜨릴 거라고 믿어요.

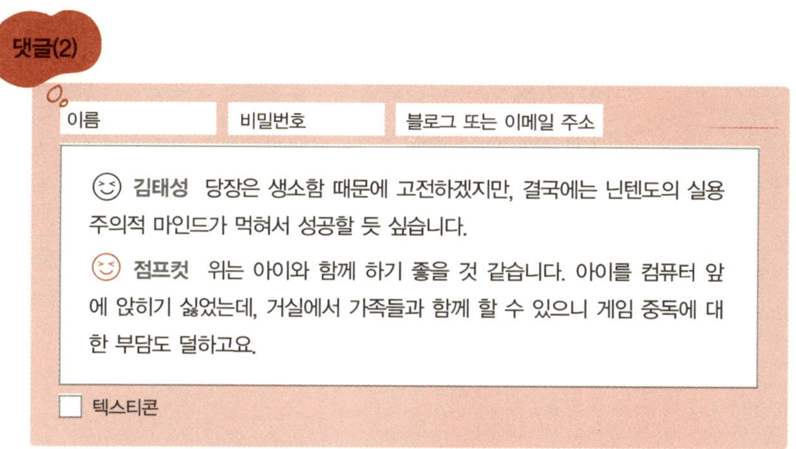

댓글(2)

이름 | 비밀번호 | 블로그 또는 이메일 주소

김태성 당장은 생소함 때문에 고전하겠지만, 결국에는 닌텐도의 실용주의적 마인드가 먹혀서 성공할 듯 싶습니다.

점프컷 위는 아이와 함께 하기 좋을 것 같습니다. 아이를 컴퓨터 앞에 앉히기 싫었는데, 거실에서 가족들과 함께 할 수 있으니 게임 중독에 대한 부담도 덜하고요.

☐ 텍스티콘

GTA4Grand Theft Auto IV, 게임판을 뒤엎다 | [게임]

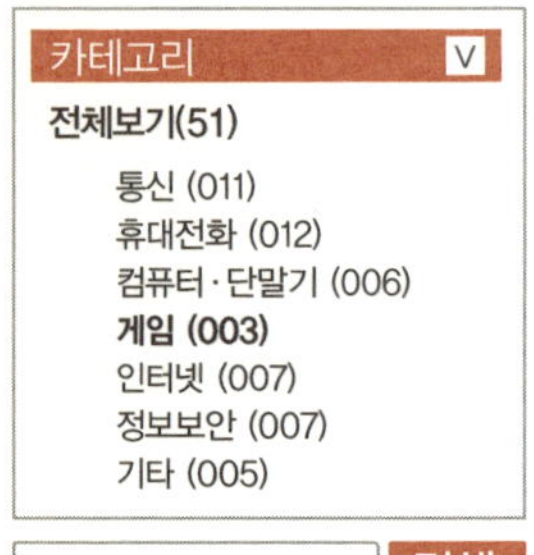

짙은 눈썹, 짧은 머리에 가죽점퍼 차림의 동유럽계 갱스터 니코 벨릭. 발칸전쟁 참전용사이자 인신매매범인 그는 폭력, 마약, 사기가 판치는 리버티 시티의 지하세계에서 갱의 지령에 따라 미션을 수행하게 된다.

리버티시티의 밤거리, 경찰차의 요란한 경적, 귀를 찢는 듯한 총성과 함께 자동차 추격전이 펼쳐지는데…….

테이크투Take-Two의 비디오게임 GTA4 얘기입니다. 이 게임은 폭력적인 내용에도 불구하고 게임의 새 지평을 열었다는 평가를 받고 있죠. 무엇보다 뉴욕시를 옮겨놓은 듯한 사실적인 배경이 압권이에요. 센트럴파크, 자유의 여신상, 타임스퀘어 등등. 인터랙티버티Interactivity(쌍방향성)도 장난이 아니죠.

GTA4는 발매 당시부터 2008년 최고의 기대작으로 꼽혔습니다. 2008년 4월 29일 발매 이후, 각종 기록을 갈아치웠거든요. 첫날 판매가 360만 장에 매출 3억 1,000만 달러, 첫 주 판매가 600만 장에 매출 5억 달러……, 모두 신기록이라네요. 2007년 9월 헤일로3Halo3

GTA4 게임 속 주인공 니코 벨릭.

가 세운 첫날 매출 1억 7,000만 달러를 가볍게 넘었어요.

GTA4는 1997년에 첫선을 보여 7,000만 장이나 팔린 GTA 시리즈의 네 번째 작품입니다. 조만간 블리자드Blizzard가 스타크래프트 II Starcraft II를, 닌텐도가 위핏Wii Fit을, 액티비전Activision이 기타히어로Guitar Hero의 후속작을 낼 예정이지만, GTA4가 세운 첫날 기록,

GTA4의 무대인 리버티시티 전경.

첫 주 기록을 뒤엎지는 못할 것이라고들 하는군요.

GTA4는 마이크로소프트의 엑스박스360과 소니의 플레이스테이션3로 즐길 수 있는 크로스플랫폼Cross Platform 타이틀입니다. 이 게임 덕에 2008년 4월 미국 게임 매출은 1년 전에 비해 47%나 급증했대요. 그런데도 엑스박스360과 PS3의 판매량도 거의 늘지 않았어요. 닌텐도 위가 맹위를 떨친 결과겠죠.

GTA4가 '대박'을 터뜨린 바람에 테이크투를 먹으려던 EAElectroric Art는 전략에 차질이 생겼어요. EA는 2008년 2월, 테이크투를 주당 26달러, 총 20억 달러에 인수하겠다고 제의했지요. 당시에는 50%의 프리미엄을 얹은 가격이었는데 GTA4가 발매되기도 전에 26달러를 돌파했으니 돈을 더 내든지 포기하든지 해야겠죠.

EA가 왜 테이크투를 먹으려고 안달인 줄 아세요? 아시다시피 EA는 세계 최대 비디오게임 회사예요. 그런데 2008년 2월 블리자드의 모기업인 프랑스 비벤디Vivendi가 액티비전을 인수해 액티비전 블리자드를 설립하겠다고 밝혔습니다. 액티비전과 블리자드를 합치면 매출 등 규모면에서 EA를 능가하게 되죠.

창의성 고갈도 이유로 꼽히고 있습니다. 웨스트우드Westwood, 불프로그BullFrog, 오리진Origin 등을 인수해 덩치를 키워오던 EA가 창의성에서 점차 주도권을 잃어간다는 비판을 받고 있다고 합니다.

테이크투는 EA의 인수 제의를 거절하면서 가격이 너무 낮다고 밝혔어요. 내심 EA 밑으로 들어가면 창의성이 죽을 수 있다고 생각하나 봐요.

국내에서는 위즈핸즈Wizhands가 판권 계약을 맺고 GTA4를 들여온다고 하는데, 아직 한글화가 안 됐나 봅니다. 당분간 국내 게이머들은 영어 공부한다 생각하며 GTA4를 즐겨야겠네요. 물론 게임물등급위원회 심의를 거쳐야겠죠. 가격은……, 글쎄요. 미국에서 60달러에 나왔으니까 6만 원 안팎이 아닐까요?

닌텐도 위핏 즐기면 뱃살 빠질까 | [게임]

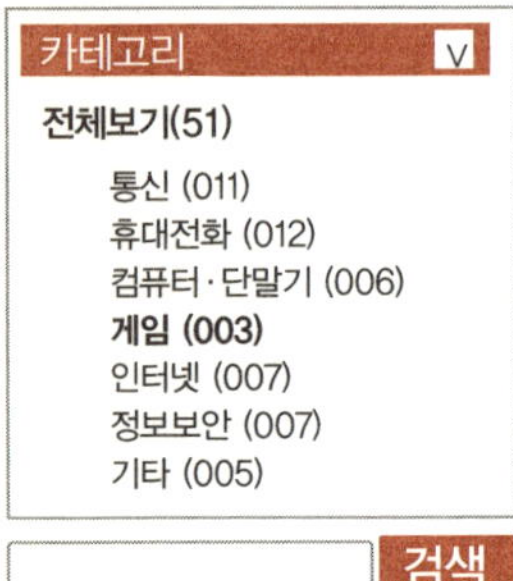

휴일에 집에서 쉬다 보면 아이들이랑 실랑이를 하곤 합니다. 고1 아들과 중2 딸애가 컴퓨터를 놓고 다투기 때문이죠. 게임이란 게 하다 보면 빠지게 되잖아요. 그러면 "왜 시간이 넘었는데 계속 하느냐"며 둘이 티격태격하고 결국 제가 나서게 되죠.

그럴 때마다 "게임이 애들 망치네. 밖에 나가 신나게 놀면 좋으련만" 이런 생각을 해요. 위핏이라는 닌텐도 비디오 게임에 관심이 가는 것도 이 때문입니다. 밸런스보드에 올라선 다음 TV 화면을 보며 운동하는 게임이라면서요. 저 역시 배가 나오기 시작해 운동이 필요한 터라 국내에서 발매되면 살까 생각 중이에요.

닌텐도가 2008년 5월 19일, 미국에서 위핏을 발매했군요. 뉴욕 센트럴파크에서 런칭 이벤트를 펼치고, 이를 TV 토크쇼, 모닝 뉴스 등이 소개했다고 하는데……. 월마트Wal-Mart나 아마존에서 일찌감치 예약 주문이 마감됐다는 뉴스가 나오기도 했죠. 미국에는 덩치 큰 사람들 많잖아요. 관심이 클 거예요.

미국에서 발매된 게임에는 40가지 운동이 들어 있다고 하네요.

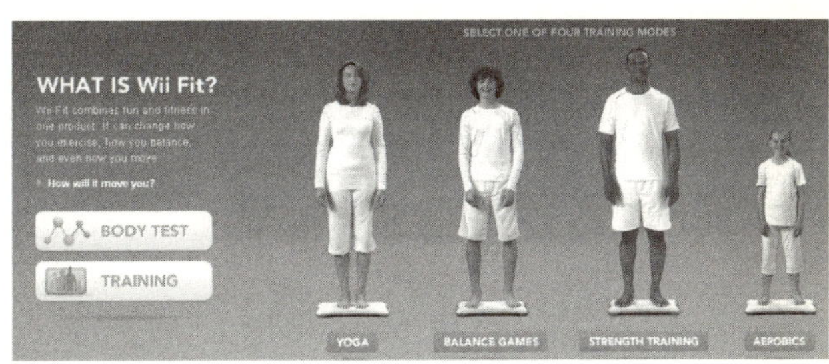

일본에서 2007년 말에 발매된 닌텐도 위핏.

요가, 에어로빅, 훌라후프, 스키점프, 사커헤딩……. 저보다는 집사람이 좋아할 만한 운동이 많군요. 아무튼 게이머의 움직임에 따라 TV 화면 속 아바타가 움직인다니 재미있겠어요.

일본에서는 이미 대박을 터뜨렸죠. 2007년 말에 내놓았는데, 2008년 5월까지 누적 판매가 200만 장이래요. 위 게임기를 가지고 있는 소비자의 30% 가량이 위핏을 샀다고 합니다. 유럽에서도 2008년 4월에 발매했는데 인기가 좋다고 하네요. 한국어 버전은 2008년 안에 나올 것 같아요. 미국에서 밸런스보드를 포함해 90달러니까 우리나라에서는 9만 원쯤 하겠죠.

사실 위핏이든 위스포츠Wii Sports든 그리 대단한 게임은 아니지요. 마술 지팡이 같은 컨트롤러를 쥐고 각종 운동을 즐기는, 좀 특이하기는 하지만 고도의 그래픽 기술이 들어간 것은 아니래요. 그런데 닌텐도는 이런 심플한 게임으로 발딱 일어섰어요. 2007 회계연도에 매출은 73%, 이익은 52%나 늘었대요.

위핏 개발자는 미야모토 시게루宮本茂라는 사람인데, 나이가 55세나 돼요. 슈퍼마리오Super Mario도 이 사람 작품이래요. 수년 전 몸무게를 줄일 셈으로 운동을 시작했다가 이 게임을 개발하게 됐다고 하네요.

그는 이렇게 말했다고 합니다. "위핏을 즐긴다고 날씬해지는 건 아니다. 자신의 몸에 대해 관심을 갖게 하는 게 (이 게임의) 목적이다"라고. 그렇겠죠.

인터넷

중국은 인해전술로 인터넷 접수하려나 | [인터넷]

21세기형 인해전술人海戰術, 정말 대단하네요. 무슨 이야기냐고요? 베이징올림픽 성화 봉송 과정에서 생긴 분쟁 말입니다. 중국인들이 똘똘 뭉쳐 "안티 프랑스", "안티 까르푸"를 외치는 모습을 보니 압록강 전투에서 썼다는 인해전술이 생각난다는 거죠.

중국인들이 똘똘 뭉치게 된 비결이 뭔지 아세요? 바로 인터넷이래요. 온라인 시위, 잘 아시죠? 이 사람들이 이번에 '마우스'로 하는 시위에 톡톡히 맛을 들였나 봐요. 2008년 3월 14일 티베트의 수도 라사에서 소요가 발생한 후 인터넷을 통해 뭉치기 시작하더니 중국의 우경화를 우려할 정도로 막가고 있네요.

중국 정부가 티베트의 독립운동을 무력으로 진압한 티베트 사태에 대해 서방 언론이 비판적으로 보도하자 중국 네티즌들이 들고일어난 겁니다. 웹사이트와 블로그를 통해 서방 기자들을 두드려 패기 시작했어요. 안티 CNN 사이트에 외국에 대한 CNN의 오보를 낱낱이 까발리는 게시물을 올린 것이 대표적인 사례지요.

그 뿐이 아닙니다. 중국에 특파된 서방 언론인들에게 "기사 똑바로 쓰라"는 엄포성 이메일 공세를 펼치고, "티베트 분리주의자들에게 죽음을"이란 글을 웹사이트에 올리기도 했대요. 또 메신저 대화명을 일제히 "왕 서방 ♥ 차이나" 등으로 바꾸는가 하면 중국 입장을 알리는 동영상을 유튜브에 올리기도 했죠.

중국 본토에 거주하는 사람들뿐만이 아닙니다. 해외에 거주하는 화교들도 인터넷을 통해 똘똘 뭉쳤어요. 올림픽 성화가 한국을 통과하던 날, 올림픽공원에 중국인들이 1만 명이나 몰렸던 것도 인터넷으로 알렸기 때문이래요.

중국인들의 온라인 시위로 프랑스계 할인점인 까르푸도 융단폭격을 당하고 있습니다. 티베트 독립을 지지한다고 알려졌기 때문이랍니다. 네티즌들은 중국 각지에 있는 까르푸 매장에 몰려가 대규모 시위를 벌였어요. 까르푸 불매운동도 빠르게 확산됐고, 노동절인 5월 1일에는 아예 문을 닫아야 했죠.

이런 와중에 중국 정부가 재미난 정보를 흘렸네요. 중국 인터넷 인구가 2008년 2월 말 현재 2억 2,100만 명으로, 미국을 제치고 세계 1위가 됐다는 겁니다. 2007년 말까지만 해도 중국은 2억 1,000만 명으로 미국보다 500만 명 적었어요. 시장조사업체 BDA차이나 BDA China에 따르면 중국 인터넷 인구는 2008년 말에는 2억 8,000만 명에 달할 거래요.

인터넷의 매력은 익명성에 있죠. 정부가 언론을 강력히 통제하는 중국에서는 이 매력이 유난히 더 대단하게 받아들여지고 있나 봐요. 오프라인에서 할 수 없는 이야기도 인터넷에서는 마음대로 할 수 있잖아요. 중국인들은 인터넷이 시위 수단으로 대단히 유용하다는 사실을 알고 스스로도 놀라고 있대요.

중국은 앞으로 우리와는 다른 형태로 민주화 시련을 겪을 것 같아요. 세력을 규합하기가 쉬워진 데다 화염병을 던지지 않고도 힘을 과시할 수 있으니까요. 중국 정부도 온라인 시위의 위력을 내심 겁내고 있다고 해요. 인터넷을 감시하려고 무진 애를 쓰고 있죠. 그런다고 감시되는 것도 아닐 텐데…….

블로그 | 포토로그 | 북마크 | 방명록 2008. 5. 31

원자바오, 쓰촨 지진, 그리고 페이스북 | [인터넷]

사람 얼굴이 어쩌면 저렇게 선할 수 있을까. 원자바오 중국 총리의 사진을 들여다보면서 이런 생각을 했습니다. 얼굴만 봐도 중국인들이 "원 할아버지"라고 부르며 존경하는 이유를 알 것 같더군요. 6만 8,000여 명이 사망한 쓰촨 지진의 피해 복구 와중에 이 원 할아버지가 중국인의 '정신적 지주'로 떠올랐습니다.

원자바오 총리는 2008년 5월 12일 지진이 터지자 불과 몇 시간 만에 현장으로 달려갔지요. 그리고 무너진 건물 더미를 헤집고 다니며 난민들을 위로했어요. 중국인들은 그가 확성기로 "정부가 여러분을 구하겠다"고 연설하는 모습을 TV로 지켜보면서 눈시울을 적셨대요.

원자바오 중국 총리의 페이스북 사이트.

어쩌다 한 번 그랬다면 "쇼 한다"고 했겠죠. 그러나 원 할아버지는 처음이 아니래요. 중국 최대 명절인 춘절에도

원자바오 총리가 사고 현장에서 연설하는 모습.

탄광 붕괴 현장이나 AIDS 환자 마을을 들렀대요. 폭설 피해 현장을 찾기도 하고요. 후진타오胡錦濤 주석과 반기문 유엔 사무총장도 쓰촨 지진 현장을 찾았지만 그다지 감동스럽지는 않았죠.

인터넷에서도 난리가 났습니다. 원자바오 총리가 페이스북에 사이트를 개설했기 때문이에요. 그는 자신을 소개하는 코너에 중화인민민주주의공화국 국무원에서 일하고 베이징에 거주하며 공산당 소속이라고 밝혔어요. 지진 발생 이틀 후에 개설했다는데, 중국 정부조차 이 사실을 몰랐다고 하네요.

원자바오 사이트에는 사진이랑 동영상이 하나씩 올려져 있습니다. 특히 동영상이 압권이에요. 애잔한 배경음악이 흐르는 가운데 사고 현장을 파노라마로 보여주는데, 저절로 가슴이 저려 오더군요. 화질이 엉망인데도 말입니다. 원 할아버지는 전 세계에 지원을 호소하려고 페이스북에 등록했나 봐요.

댓글은 중국어와 영어가 반반인데, 모두 원 할아버지에 대한 애정이 듬뿍 담겨 있죠. "자상한 할아버지 같다(홍콩인)", "정치인의 귀감이다(윌슨 리)", "보기 드문 위대한 지도자다(싱가포르인)", "노벨평화상을 받아야 한다(스위스 소녀)". 서포터가 2008년 5월 31일을 기준으로 3만 명에 달해 정치인 랭킹 7위에까지 올랐어요.

저는 한중 수교 직전인 1991년, 대통령특사인 박태준 당시 민자당 최고위원(포항제철 회장)을 수행해 중국 주요 도시를 둘러봤습니다. 그때 중국인들이 덩샤오핑鄧小平을 칭송하는 말을 귀가 따갑도록 들었지요. 그때나 지금이나 존경할 만한 정치 지도자를 둔 중국이 부럽네요. 우린 언제 이런 지도자를 갖게 될까요?

후기

책을 내기 직전에 페이스북에 들어가 확인했더니 원자바오 총리의 서포터가 5만 5,000여 명으로 늘어났네요. 동영상은 여전히 하나뿐인데 팬들이 올린 원자바오의 사진이 800여 장이나 되는 게 인상적입니다.

인터넷, 일본이 빠른가 한국이 빠른가 | [인터넷]

인터넷이 가장 빠른 나라는? "당연히 한국이다." "아니다 일본이 앞질렀다."

한국경제신문이 2007년 11월 15일자 1면 톱으로 "한국 초고속인터넷 일본에 밀렸다"고 보도한 후 논란이 뜨거웠습니다. 정보통신부는 부랴부랴 해명을 했고 일부 네티즌들은 "말도 안 된다"고 했죠. 진상은 뭘까요?

한경은 당시 OECD 자료를 인용해 보도했습니다. OECD 홈페이지를 다시 뒤졌는데 그 자료는 보이지 않고, 대신 한 달 뒤에 올라온 자료가 있더군요. 확실한 것은 광가입률에서 일본에 밀렸다는 겁니다. 초고속인터넷 가입자 중 가정(Fiber To The Home, FTTH)이나 사무실(Fiber To The Office, FTTO)까지 광케이블로 연결한 비율은 일본이 40%로 1위고, 한국은 34%로 2위예요.

인터넷이용률, 즉 인구 100명당 브로드밴드 이용자수를 나타내는 비율에서는 덴마크가 35.1명으로 1위, 한국은 30.5명으로 7위네요. 2~6위는 네덜란드, 아이슬란드, 노르웨이, 스위스, 핀란드 순입

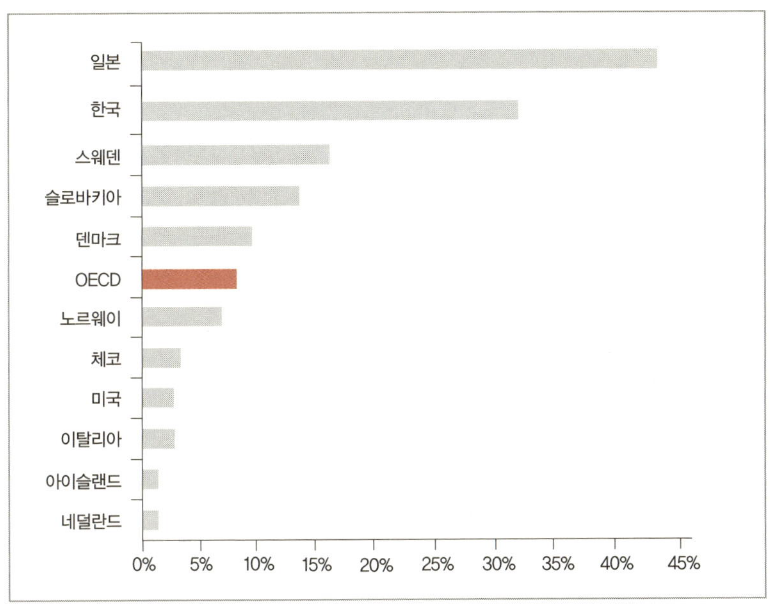

OECD가 2007년에 발표한 OECD 회원국의 광케이블가입률.

니다. 가입자 수만 놓고 보면 미국이 6,990만 명으로 1위였지만, 2008년 들어 중국이 추월했고요.

그동안 한국이 "인터넷 세계 최강"이라고들 하더니 헛말이었나? 아닙니다. 몇 년 전만 해도 한국은 인터넷이용률에서 세계 1위였습니다. 2000년쯤에는 브로드밴드 이용자 수에서도 선두를 다퉜던 것으로 기억합니다. 하지만 이제는 인터넷이용률에서는 7위에 불과하고, 광가입률에서는 일본한테 추월당했습니다. 한국이 여전히 1

위를 지키고 있는 부분은 뭘까요?

통신비가 가계에서 차지하는 비율은 확실히 1위입니다. 요금인하 얘기가 나올 때마다 통신업체들은 여러 가지 말들을 하지만, 1위가 맞아요. OECD 자료를 보면 한국은 1995년부터 2004년까지 10년 동안 OECD 1위였어요. 2004년의 경우에는 OECD 평균의 2.5배로 압도적인 1위였죠.

그럼 뭐가 최강이냐? 정답은 엉뚱한 곳에 있네요. 애커메이Akamai라는 미국 서버 사업자가 홈페이지에 발표한 '2008년 1분기 인터넷 현황'이란 보고서를 보면 속도만큼은 확실히 "짱"이군요. 인터넷 속도가 5Mbps(초당 5메가비트) 이상인 비율이 한국은 64%로 1위, 일본은 48%로 2위예요.

애커메이의 자료는 전 세계와 연결된 이 회사의 서버를 통해 집계한 것이라서 신빙성이 크다고 봐요. 125개 국가가 조사 대상이었다고 하네요. 1인당 하이브로드밴드(5Mbps 이상) 비율에서도 한국은 0.16%로 세계 최고로 나타났어요. 2위인 스웨덴(0.12%), 3위인 일본(0.09%)에 한참 앞섰고요. 아직은 "유선만큼은 한국이 세계 최강"이라고 자부해도 될 것 같네요.

파이어폭스3.0Fier Fox 3.0은 최고의 브라우저? | [인터넷]

이번에 브라우저 시장이 확 뒤집히려나? 모질라Mozilla가 2008년 6월 2일 파이어폭스3.0 RC2를 내놓은 것을 보고 이런 생각을 해봤습니다. 그동안 베타버전이 5번이나 나왔으니까 곧 정식버전이 나올 것 같은데……. 월스트리트저널 IT분야 칼럼니스트인 월터 S. 모스버그Walter S. Mossberg는 "현재로서는 최고의 브라우저"라고 극찬했네요.

모스버그는 미국에서 알아주는 IT전문가죠. 그는 최근 몇 달 동안 다양한 컴퓨터 환경에서 파이어폭스3.0, 마이크로소프트의 인터넷 익스플로러Internet Explorer, 애플의 사파리를 비교해봤는데 파이어폭스가 최고였다고 하네요. 기능, 속도, 보안 모두 최고였대요. 마이크로소프트가 익스플로러8.0을 내놓으면 달라질 수 있다는 전제를 붙이기는 했지만요.

모스버그는 파이어폭스3.0의 장점으로 북마크와 보안 기능을 꼽았네요. 불여우가 빠른 거야 기본이고, 북마크하기 편리하다는 건 이용해보신 분들은 아실 겁니다. 주소창 끝에 있는 별(☆)만 클릭하

파이어폭스3.0 RC2 다운로드 사이트 초기화면.

면 되고, 두 번 클릭하면 편집도 되고 말이죠. 저는 오른쪽에 검색창이 따로 있는 것도 좋더군요. 구글이나 네이버, 다음 같은 검색 사이트를 열지 않고도 바로 검색할 수 있으니까요.

모스버그는 보안 기능도 많이 강화됐다고 썼습니다. 이전 버전에는 사용자 계정을 탈취하기 위한 가짜 사이트에 접속할 때만 경고를 했는데, 3.0에서는 바이러스, 스파이웨어 등 악성코드가 심어진 사이트에 접속할 때도 경고해준다는 거죠. 다른 브라우저엔 아직 이 기능이 없다네요.

저는 익스플로러7.0과 파이어폭스, 이렇게 두 브라우저를 쓰고 있습니다. 새로 나온 익스플로러8.0 베타1도 깔아서 써볼까 생각 중이에요. 파이어폭스3.0 RC2도 나오자마자 깔았습니다. 써봤더니 파이어폭스, 참 좋아요. 가볍고, 빠르고, 보안에도 강합니다. 다만 자주 들르는 일부 한국 사이트와는 맞지 않는 것 같아 외국 사이트 전용으로 쓰고 있어요.

마이크로소프트도 익스플로러8.0 베타1을 배포하고 있죠. 2008년 8월쯤에 베타2, 9월이나 10월에 베타3를 내놓고 11월쯤 정식버전을 발표할 거라고 하더군요. 그러니까 파이어폭스3.0과 익스플로러8.0 간의 브라우저 싸움이 앞으로 볼 만하겠어요. 8.0 베타1을 써 본 사람들은 보안보다는 안정성과 유용성이 강화됐다고 하더군요.

아시다시피 아직은 점유율에서 상대가 안 되죠. 넷애플리케이션즈NetApplications 조사 결과를 보면 2008년 5월을 기준으로 익스플로러의 점유율은 73.75%, 파이어폭스는 18.41%예요. 익스플로러가 파이어폭스의 4배나 되잖아요. 하지만 2년 전인 2006년 6월에 비하면 엄청난 변화죠. 익스플로러가 84.11%에서 10% 포인트 이상 떨어진 반면 파이어폭스는 10.77%에서 7% 포인트 남짓 뛰었으니까요.

소비자 입장에서 보면 경쟁이 최고죠. 익스플로러가 사실상 천하통일을 했을 때는 "버벅"대도 참고 쓰는 수밖에 없었잖아요. 이젠 기분 나쁘면 파이어폭스로 바꿀 수 있죠. 게다가 파이어폭스는 개방형 프로그램이니 얼마나 좋아요.

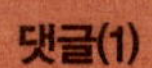

이름 | 비밀번호 | 블로그 또는 이메일 주소

홍길동 전 아직 2.0 쓰고 있습니다. All-in-One Gestures 때문이에요. 몇 주 전에 3.0을 써봤는데, 이 부가기능이 안 되니 굉장히 불편하더군요. 얼른 3.0에서도 지원해줬으면 좋겠네요. All-in-One Gestures와 IE Tab이면 익스플로러를 쓸 일이 거의 없을 것 같아요. 익스플로러8.0이 나와도 전 계속 파폭을 쓸 것 같네요.

텍스티콘

후기

파이어폭스3.0은 2008년 6월 16일 공식적으로 발표되었습니다. 16일 오후 6시 16분부터 다음날 오후 6시 15분까지 24시간 동안 다운로드 건수가 800만 2,530건으로 집계돼 기네스북에 올랐다고 하네요.

아이튠즈 음악 판매 50억 곡 돌파, 이젠 1초에 100곡? | [인터넷]

카테고리 V

전체보기(51)

통신 (011)
휴대전화 (012)
컴퓨터·단말기 (006)
게임 (003)
인터넷 (007)
정보보안 (007)
기타 (005)

검색

2008년 6월, 애플이 아이튠즈를 통해 판매한 음악이 50억 곡을 돌파했다고 발표했습니다. 2003년 4월에 온라인 음악서비스를 시작했으니까 5년 2개월 만에 달성한 기록이죠. 영화 판매도 하루에 5,000편이 넘는답니다. 아이튠즈는 이제 "세계 최대 뮤직스토어"이고 "가장 인기 있는 온라인 무비스토어"라네요.

아이튠즈 음악 판매에는 가속도가 붙은 것 같습니다. 10억 곡 돌파(2006년 2월)에는 거의 3년이 걸렸거든요. 그런데 그로부터 2년 4개월 만에 50억 곡을 돌파했으니까 엄청 빨라진 거죠. 한 네티즌은 25억 곡 돌파에는 1,442일이 걸렸고, 25억 곡에서 50억 곡으로 가는 데는 437일이 걸렸다고 댓글을 달았더군요.

MP3 플레이어인 아이팟 팔아서 돈 벌고, 아이팟에 음악내려받게 해 돈 벌고……. 그야말로 "꿩 먹고 알 먹고"죠. 애플이 확보한 음악이 800만 곡이라고 하니까 없는 노래가 없다고 봐야겠죠? 영화는 HD급 350편을 포함해 2,000편이라는데, 1만 편을 확보해놓고

애플 아이튠즈 스토어 사이트 초기화면.

VOD서비스를 하는 넷플릭스Netflix 보다는 적네요.

음악이나 영화를 인터넷에서 내려받아 이용하다 보니 CD, DVD 판매는 곤두박질했겠죠. 국제음반산업협회IFPI가 2008년 6월에 발표한 자료에 따르면 2007년 세계 CD 및 음악 DVD 판매는 159억 달러로, 1년 전에 비해 13%나 줄었대요. 반면 음악 다운로드와 휴대전화 음악 판매는 29억 달러로 34% 증가했고요.

해외에서는 이렇게 승승장구하는 아이팟과 아이튠즈지만, 국내에서는 맥을 못 추고 있습니다. 랭키닷컴(rankey.com)에서 음악 감상 사이트 순위를 보니까 도시락(dosirak.com)이 1위, 벅스(bugs.co.kr)가 2위, 멜론(melon.com)이 3위고, 아이튠즈는 아예 순위에 포함되지도 않았네요.

5년 동안 50억 곡이라면 1년에 10억 곡, 하루에 274만 곡이니까 1초에 32곡쯤 되네요. 초기엔 부진했을 테고……, 지금은 1초에 100곡은 되겠죠? 애플이 아이튠즈 음악 판매 100억 곡을 돌파하는 시점은 언제일까요? 1년 후? 2년 후? 음반 시장이 너무 빠르게 변해 음악업계 종사자들은 피곤하겠어요.

닷삼성, 닷서울 도메인domain 나온다 | [인터넷]

카테고리 V
전체보기(51)
- 통신 (011)
- 휴대전화 (012)
- 컴퓨터·단말기 (006)
- 게임 (003)
- **인터넷 (007)**
- 정보보안 (007)
- 기타 (005)

최근 댓글들 V
짜니이야기

검색

인터넷을 이용하려면 주소창에 주소를 입력해야 하죠. 귀찮으니까 대개 북마크를 해뒀다가 아이콘을 클릭하지만……. 아시다시피 이 인터넷 주소, 즉 도메인는 대부분 ".com"이나 ".net" 등으로 끝나잖아요. 그런데 2009년 하반기쯤엔 닷삼성, 닷서울 같은 새로운 도메인 네임도 나올 것 같네요.

국제인터넷기구인 아이칸ICANN 이사회가 2008년 6월 26일, 파리에서 끝난 연례회의에서 새로운 최상위 도메인을 허용하는 권고안을 채택했군요. 아이칸이 구체적인 방안을 마련해 협의한 뒤 2009년 초 최종안을 내놓으면 2009년 2분기에는 새로운 최상위 도메인을 등록할 수 있을 거라고 하네요.

현재는 최상위 도메인이 250여 개에 불과하지요. 대표적인 것이 ".kr"과 같은 국가 도메인이고 ".com"이나 ".net", ".org", ".gov" 등이 있죠. 새로운 최상위 도메인이 허용되면 도시나 국가 단위의 도메인이 많이 나올 수 있을 것이라고 합니다. 삼성그룹이라면 ".samsung"을, 서울시라면 ".seoul"을 등록할 수 있겠죠.

벌써부터 그런 움직임이 있대요. 베를린시는 ".berlin"을, 뉴욕시는 ".nyc"을 등록하려고 한대요. 특히 로스앤젤레스가 적극적이라고 하네요. ".la" 도메인을 등록하려고 라오스랑 이미 협의를 마쳤대요. 라오스 국가 도메인이 ".la"인가 보죠? 글로벌 기업들 역시 회사명이나 브랜드 이름을 등록하려고 하겠지요.

누군가 닷삼성이나 닷서울 도메인을 등록해놓고 수십 배, 수백 배의 돈을 요구할 수도 있지 않을까 하고 생각하는 분도 계신가요? 하지만 그렇게 되지는 않을 것 같습니다. 새로운 최상위 도메인을 허용하는 시점부터는 기업, 도시, 브랜드 등의 도메인은 당사자가 아니면 사실상 등록하지 못하게 하겠대요. 부당한 도메인 선점을 막겠다는 거죠.

생각해보세요. 2000년대 초 '닷컴 붐'이 한창일 때 좋은 도메인만 잡으면 떼돈 번다고 했지요. 다른 기업의 도메인을 등록해놓고 돈을 요구하는 사례도 많았고요. 기업들은 하는 수 없이 선점당할 우려가 있는 도메인은 죄다 등록해둬야 했었죠. 코리아닷컴(korea.com) 도메인이 수십억 원에 팔리기도 했고요.

최상위 도메인 등록비는 수십만 달러, 그러니까 수억 원대가 될 거라는데 현재보다는 훨씬 싸다고 하네요. 물론 등록 후에는 정기적으로 유지비를 내야 하죠. 등록비가 수억 원이라면 개인이 최상위 도메인을 등록하는 일은 거의 없겠죠. 이번 회의에서는 이밖에 자국어 도메인도 허용하기로 했네요.

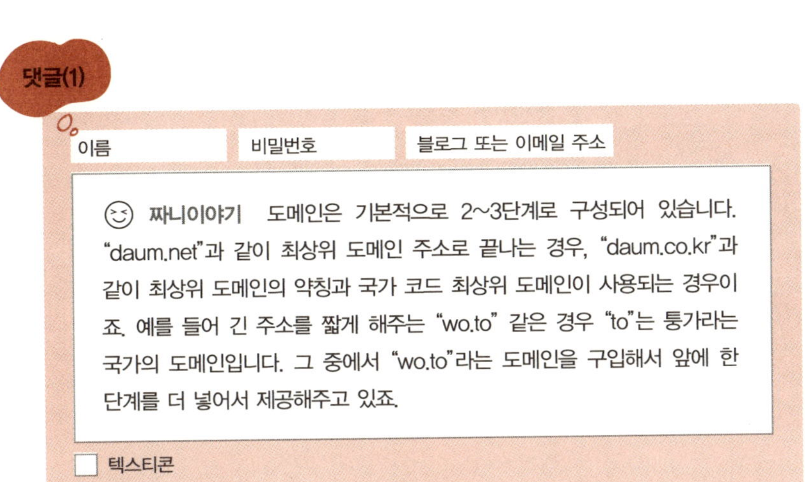

짜니이야기 도메인은 기본적으로 2~3단계로 구성되어 있습니다. "daum.net"과 같이 최상위 도메인 주소로 끝나는 경우, "daum.co.kr"과 같이 최상위 도메인의 약칭과 국가 코드 최상위 도메인이 사용되는 경우이죠. 예를 들어 긴 주소를 짧게 해주는 "wo.to" 같은 경우 "to"는 통가라는 국가의 도메인입니다. 그 중에서 "wo.to"라는 도메인을 구입해서 앞에 한 단계를 더 넣어서 제공해주고 있죠.

노키아 오비Ovi를 주목하라 | [인터넷]

미국뿐인가? 유럽도 없고 아시아도 없는가? 가끔 이런 생각이 듭니다. 제 노트북에는 마이크로소프트 윈도XP가 깔려 있습니다. 브라우저는 익스플로러와 파이어폭스를 쓰고, 해외 소식은 야후에서 보고, 검색은 구글로 합니다. 애플에 관한 글도 많이 쓰지요. 파이어폭스는 다르지만 죄다 미국이네요.

아시다시피 인터넷은 미국에서 출발했고, 지금도 미국이 주도하고 있습니다. 구글이 뜨고, 페이스북과 마이스페이스닷컴이 약진하고, 마이크로소프트가 다급해진 나머지 야후를 먹겠다고 날뛰고, 애플은 음악 시장만으로는 성이 안차는지 앱스토어를 열었습니다. 인터넷은 지금 미국 천하입니다.

미국 밖에선 노키아의 인터넷 포털 오비가 다크호스

미국 밖에는 선수가 없을까요? 전 오비를 다크호스로 봅니다. 오비는 핀란드의 노키아가 운영하는 인터넷 포털사이트입니다. 오비는 문이란 뜻의 핀란드 말이라는데, "인터넷으로 들어가는 문"이다 이

거겠죠.

노키아는 2007년 8월 런던에서 오비를 공개했습니다. 그때까지 제공해온 노키아맵Nokia Map이라는 내비게이션서비스에다 음악서비스 뮤직Music과 게임포털 엔게이트N-Gate를 추가해 3가지로 시작했죠. 노키아는 보도자료에서 오비를 "인터넷과 모바일을 결합하는 노키아의 비전"이라고 설명했지요.

약 11개월이 지난 지금 오비가 제공하는 서비스는 5가지로 늘어났습니다. PC와 휴대전화 간에 사진과 동영상을 공유할 수 있게 하는 셰어Share라는 서비스와 최근 공개한 파일스Files란 서비스가 추가된 것입니다. 둘 다 시험서비스 중인데, 노키아가 탕고Tango와 애비뉴Avvenu란 기업을 인수해 오비에 붙였다는 점이 공통점입니다.

가장 최근에 나온 파일스만 간단히 설명할게요. 기자들은 급하면 일요일에도 홍보담당자에게 전화를 걸어 관련 자료를 보내달라고 졸라대곤 하죠. 그런데 "파일이 회사 PC에 있다. 내일 보내면 안 되겠느냐"는 답을 들으면 맥이 빠집니다. 이럴 때 유익한 파일공유서비스가 바로 파일스입니다.

파일스는 요즘 뜨고 있는 클라우드 컴퓨팅 기술을 응용한 서비스라고 합니다. 가입자가 문서를 '애니타임anytime'으로 지정해 클라우드에 저장해두면 외부에서 노트북이나 휴대전화로 열어볼 수 있고 다른 사람과 공유할 수도 있다고 하네요. 용량은 10기가바이트라니까 텍스트나 사진은 문제없겠죠.

본론으로 돌아가서, 오비가 잘나가고 있느냐? 아직까지는 아니에요. 확산 속도가 생각보다 더딘 것 같아요. 주로 유럽에서만 서비스를 하고 있어서 아시아나 미국에서는 오비가 뭔지조차 모르는 사람이 대부분이죠. 2008년 7월 초에 파일스를 내놓았을 때도 어느 누구도 그다지 주목하지 않았을 겁니다.

물론 오비가 사람들의 입에 오르내리지 않는 데는 여러 가지 이유가 있겠지요. 무엇보다 오비란 서비스 자체가 폭발적이지 않기 때문일 테고, 유럽에서 출발한 서비스란 점도 핸디캡으로 작용한다고 봐야겠죠.

저는 이보다 중요한 이유가 있다고 봅니다. 바로 노키아가 오비를 적극 알리지 않는다는 점입니다.

고객인 이동통신사를 대적하는 게 부담스러워 점진적 전략 택해

왜 그럴까요? 노키아의 비전은 뚜렷합니다. 휴대전화를 만드는 것만으로는 곧 한계에 직면한다. 휴대전화 시장이 성숙단계에 접어들면 더 이상 성장할 수 없다. 휴대전화에서 축적한 기술을 토대로 인터넷과 모바일을 결합하자. 이거죠.

문제는 이 길이 험난하다는 겁니다. 인터넷과 모바일을 결합하려면 두 개의 성을 동시에 공격해야 합니다. 구글, 야후 등 인터넷 업체들을 뛰어넘어야 하고, 노키아 제품을 사가는 이동통신 서비스 사업자들까지 건드려야 합니다. 자칫 잘못했다간 '안티 노키아' 정서만 자극할 수 있겠죠.

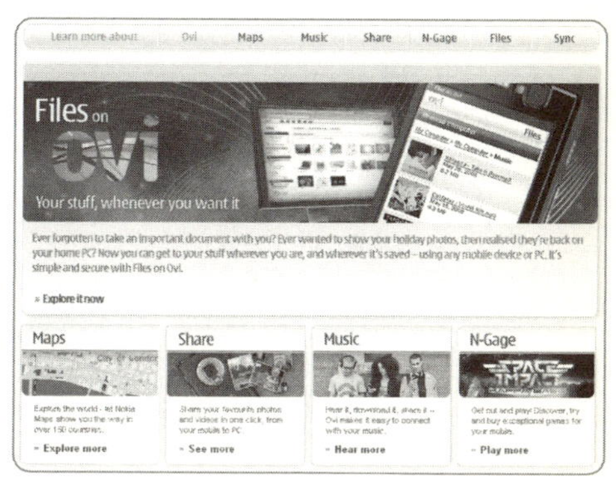

노키아가 운영하는 인터넷포털 오비의 초기화면.

그래서 노키아는 점진적인 전략을 택한 것 같습니다. 인터넷+모바일 관련 기술을 보유한 벤처기업을 야금야금 사들여 서비스를 늘리는 '거북이 전략'을 쓰고 있는 거죠. 버티는 데 필요한 실탄은 충분할 겁니다. 휴대전화를 팔아 수년째 20%대 영업이익률을 기록하고 있으니까요. 어느 순간 총공격으로 나오겠죠.

삼성전자는 어떻게 나올까?

그렇다면 노키아의 라이벌인 삼성전자는 어떨까요? 아직까지는 모바일 서비스와 관련해 큰 계획은 없는 것 같아요. 2007년 이기태 정보통신총괄사장(현 내외협력담당 부회장)을 만났을 때 슬쩍 물어봤는데, "자극할 필요 있을까?"라며 즉답을 피하더군요. 고객인 이동통신사들을 자극하고 싶지 않다는 얘기겠죠.

국내에서는 한계도 있습니다. "통신 단말기 회사는 서비스를 하지 말아야 한다"는 관념이 깊이 뿌리 박고 있죠. 물론 LG전자 계열사인 LG텔레콤이 서비스를 하고 있지만 삼성전자가 모바일서비스를 하겠다고 나서면 KT, NHN 등이 벌떼같이 덤벼들 겁니다.

하지만 이런 칸막이식 생각이 지금도 맞을까요?

댓글(2)

이름 | 비밀번호 | 블로그 또는 이메일 주소

가제트 읽고 보니 방송, 통신 융합에서 방송과 통신을 나누는 규제가 의미가 없어지듯이, 앞으로 통신서비스도 업종의 고유영역이 일부는 모호해질것 같습니다.

^^ 결국 주도권을 갖고 정부에 온갖 로비를 통해 폐쇄로 일관하는 SKT와 KTF, LGT 등 이동통신사들이 문제입니다. 사람들이 진정 큰 안목을 가지고, 세계 시장을 노린다면 망 개방을 비롯하여 정말 많은 수요자, 공급자가 참여할 수 있는 장을 마련해야죠. 답답하죠.

텍스티콘

정보보안

'해커 보물섬'을 찾아내다 | [정보보안]

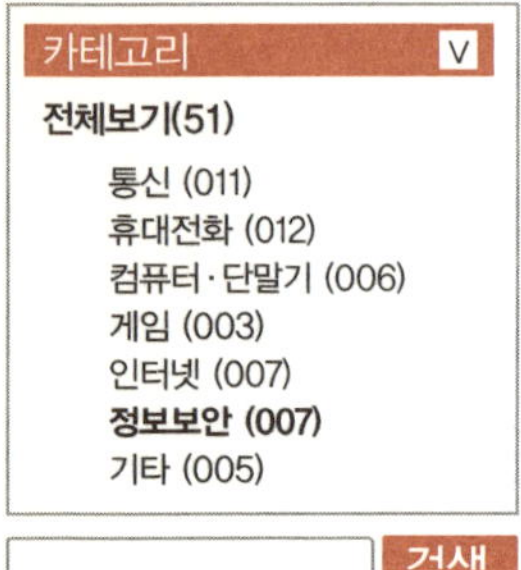

초등학생 시절 《보물섬》이란 책을 읽고 이런 생각을 했습니다. 보물섬은 어디에 있을까? 친구들이랑 함께 찾아볼까? 해적들이 숨겨둔 보물을 찾아내면 먹고 싶은 걸 마음대로 사먹을 텐데……. 실버 선장한테 들키면 죽을 수도 있겠지.

소설에서나 있을 법한 '보물섬'이 발견됐다고 합니다. 미국 산호제이에 있는 웹보안업체 핀잔Finjan은 2008년 5월 8일, 해킹을 통해 빼낸 기밀정보가 쌓여 있는 불법 서버Crimeserver를 발견했다고 발표했어요. 해적들이 강탈한 보석을 숨겨둔 섬과 해커들이 훔친 정보를 숨겨놓은 서버, 비슷하지 않나요?

'보물'도 참 다양하네요. 세계 40여 개 기업에서 빼낸 기밀정보와 각종 개인정보래요. 좀더 구체적으로 말하면 신용카드번호, 은행계좌번호 등은 기본이고 사업 관련 이메일, 병원 환자기록 등도 있대요. 대부분 텍스트일 텐데도 분량이 1.4기가바이트나 된다니 "산더미 같다"고 할 만하네요.

핀잔은 자신들이 찾아낸 불법 서버는 "빙산의 일각"에 불과하다고 밝혔어요. 로그 파일 기준으로 5,388건인데, 이게 한 달 동안 집계된 것이란 점을 감안하라는 얘기죠. 자신들이 발견한 내용이 외부로 흘러나가면 큰 문제가 발생할 것이라 판단한 핀잔은 미국 연방수사국FBI 등 40여 개 기관에 보고했대요.

어떤 인간들이 그런 짓을 했을까? 일단, 서버 소재지는 말레이시아랍니다. 그렇다고 말레이시아 사람들이 했다는 뜻은 아니죠. 로그 파일 5,388건을 국가별로 세분하면 터키가 1,037건으로 가장 많고 독일 621건, 미국 571건, 프랑스 322건, 인도 308건, 영국 232건 등이고, 한국은 명단에 포함되지 않았네요.

불법 서버는 감염된 PC를 원격조종하는 역할을 하고, 이런 식으로 훔친 정보는 자동으로 불법 서버에 저장된대요. 핀잔의 최고기술책임자는 "사이버 범죄가 빠르게 진화하고 있다"며 "범죄자가 '데이터 창고'에 접속해 범죄에 필요한 정보를 고를 수 있는 새로운 시대를 맞았다"고 말했습니다. 핀잔이 발표한 보고서는 www.finjan.com/mpom에서 볼 수 있습니다.

악질 해커(크래커)들이 각종 기밀을 빼내 암거래한다는 사실은 널리 알려졌지요. 해킹 도구도 사고팔고 애프터서비스까지 해준다니 기가 막히네요. 미국 웹보안업체인 맥아피Mcafee는 최근 가격 리스트를 발표했습니다. 가령 1만 4,400달러가 들어 있는 W뉴추얼뱅크

맥아피가 공개한 개인정보 암거래 가격

Bank Name	Country	Blance	Price
Bank of America(BOA)	USA	–	Sold
Amsouth Bank	USA	$16,040	€700
Washington Mutual Bank (WAMU)	USA	$14,400	€600
Washington Mutual Bank (WAMU)	USA, Multi-currency acct.	$7,950+ 2,612	€500
Washington Mutual Bank (WAMU)	USA		Sold
MBNA America Bank		22,003	€1,500
BANCO BRADESCO S.A.	BRAZIL, Dollar Account	$13,451	€650
CITIBANK	UK, GBP Account	£10,044	€850
NatWest	UK, GBP Account	£12,000	€1,000
BNP Paribas Bank	France, Euro Account	€30,792	€2,200
Caja de Ahorros de Galicia	Spain, Euro Account	€23,200	€1,200
Caja de Ahorros de Galicia	Spain, Euro Account	€7,846	€500
Banc Sabadell	Spain, Euro Account	€25,663	€1,450

계정은 600유로, C은행에 1만 44파운드가 들어 있는 영국 고객의 계정은 850유로와 같은 식입니다. 고객이 정보를 구매한 뒤 24시간 이내에 사용했는데 접속이 안 되면 다른 것으로 바꿔주기도 한대요.

저는 세계 경제가 21세기에 풀어야 할 난제가 두 가지 있다고 생각합니다. 하나는 '투기꾼과의 전쟁'이고, 다른 하나는 '악질 해커와의 전쟁'이죠. 요즘 국제 유가가 끝없이 치솟고 있는데, 그 원인이 단순히 공급이 달리고 수요가 넘치기 때문일까요? 그보다는 투기 때문이겠죠. 악질 해커와의 전쟁도 만만치 않을 겁니다.

디지털 9/11 테러 경고 | [정보보안]

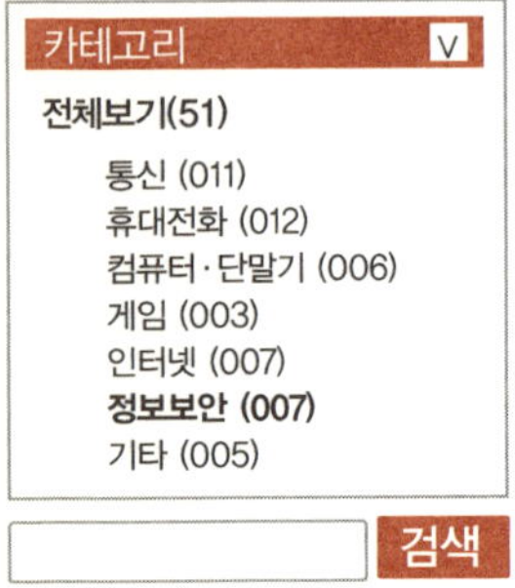

한나라당 홈페이지가 2008년 6월 1일 새벽 해킹을 당한 것에 대해 블로고스피어에서는 "통쾌하다"는 반응이 우세한 것 같네요. 국민의 소리에 귀를 기울이지 않은 데 대한 응분의 대가라는 거죠. 그러나 일각에서는 사이버 시위와 사이버 테러의 경계가 모호해졌다고 우려하는 이들도 있군요.

비슷한 이유에서겠죠. 유럽연합 산하 정보보안기구인 ENISAEuropean Network and Information Security Agency가 '디지털 9/11'을 경고하고 나섰네요. ENISA는 최근 발표한 보도자료에서 "인터넷 경제를 안전하게 지키기 위해 갈 길이 멀다", "디지털 9/11에 대비해야 한다"고 밝혔어요.

뉴욕 월드트레이드센터를 쓰러뜨린 9/11 테러는 이슬람의 분노에서 비롯됐다고들 하죠. 마찬가지 이유로 인터넷을 통해 9/11에 버금가는 테러를 감행할 수 있다는 것이 ENISA의 경고입니다. 2007년 초에 발생한 에스토니아 국가정보망 전면 마비 사태야말로 디지털 9/11 테러의 전초전이라고 할 수 있죠.

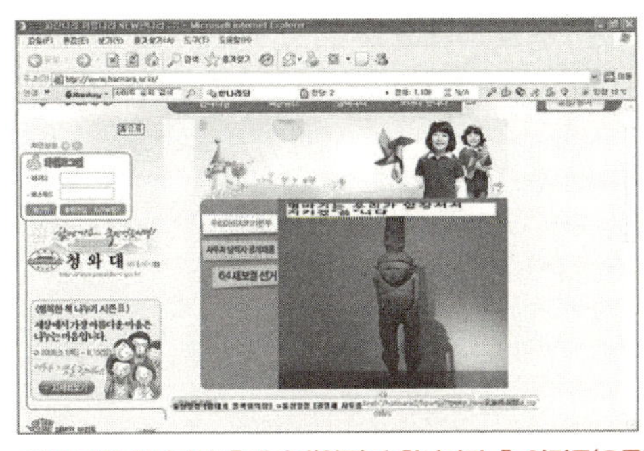
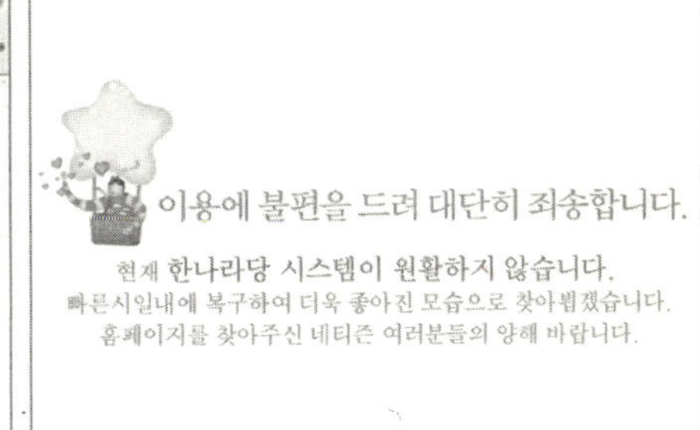

해킹 당한 한나라당 홈페이지(왼쪽)와 한나라당 측 알림문(오른쪽).

에스토니아 사태에 대한 이야기를 들어보신 적이 있으신가요? 에스토니아는 소련에서 독립한 발트해 연안의 조그만 나라인데, 2007년 초에 사이버 테러를 당했습니다. 국가기간망이 분산서비스 거부공격Distribute Denial of Service attack, DDoS을 받아 다운돼 일주일 이상 마비됐어요. 전자정부든 인터넷뱅킹이든 죄다 망가졌지요. '발트해의 IT 강국'이 한 방에 무너진 겁니다.

사태 발생 직전 에스토니아 정부는 러시아의 반대를 무릅쓰고 수도 한복판에 있는 옛 소련의 적군赤軍 동상을 외곽으로 옮겼어요. 사이버 테러를 조사한 결과, 러시아가 조직적으로 개입한 흔적을 찾아냈지요. 그러나 러시아 정부는 즉각 부인했어요. 안 했다는데 어쩌겠어요. 경유지였을 뿐이라는데…….

DDoS 공격에는 수많은 봇넷Botnet(해커의 지시대로 움직이는 컴퓨터)

이 동원되잖아요. ENISA는 보고서에서 봇넷이 세계적으로 600만 대나 된다고 밝혔어요. 게다가 사용자 대부분은 자신의 컴퓨터가 봇넷이란 사실을 모른대요. 에스토니아 사이버 테러에도 세계 곳곳에 흩어져 있는 봇넷이 동원됐을 겁니다.

ENISA는 '디지털 9/11'의 위험 요인으로 스팸, 소셜 네트워킹, 온라인 사기 등을 우선적으로 꼽았어요. 스팸을 통해 악성코드가 퍼지고 자기도 모르는 사이에 봇넷이 될 수 있다는 거죠. ENISA는 스팸으로 인한 경제적 손실이 2007년에는 645억 유로, 우리 돈으로 약 103조 원에 달해 2년 전의 2배로 급증했다고 발표했어요.

물론 사이버 테러를 경고한 건 ENISA만이 아니죠. 많은 전문가들이 틈만 나면 큰일이 날 거라고 경고하곤 했어요. 세계 최대 보안 업체인 맥아피는 2007년에 '사이버 냉전Cyber Cold War'이 시작됐다고 경고했죠. 한국처럼 네트워크만 발달하고 보안이 취약한 나라야말로 '밥'이라는데, 걱정스럽네요.

해외에서 협상할 땐 노트북 PC 잘 지켜라 | [정보보안]

정말로 그랬을까요? 중국 관리들이 미국 상무부 고위공무원의 노트북 PC에서 데이터를 훔친 다음 이를 이용해 상무부 네트워크에 접속하려 했을까요? AP통신이 이같이 보도했는데 믿기지 않네요. 협상 파트너의 컴퓨터를 넘봤다는 것도 그렇고, 몰래 들여다보도록 내버려뒀다는 것도 그래요.

보도의 요지는 이렇습니다. 2007년 12월 카를로스 구티에레스Carlos Gutierrez 상무장관 일행이 통상협상 차 베이징에 갔는데, 한 관리가 노트북 PC를 잠깐 방치한 사이에 중국 관리가 데이터를 빼낸 뒤 이를 이용해 해킹을 시도했다는 겁니다. 카를로스 구티에레스 장관은 조사가 진행 중인 사안이라 확인해줄 수 없다고 말했대요.

네티즌 반응이 재밌네요. "어떤 바보가 노트북을 방치하냐? 볼 것도 없이 해고해야 한다." "고위 관리의 컴퓨터라면 암호화를 하든지 보안을 철저하게 하지 않나?" "의문투성이다. 얼마나 오랫동안 (노트북을) 방치해뒀단 말이냐?" "외국에 갈 땐 특수 노트북을 지급해야 한다."

미국 정부가 조사 중인 사안을 언론에 흘린 것은 그만큼 중국에 대한 불신이 크기 때문일 겁니다. 한두 번이 아니라는 얘기죠. 대표적인 사건이 2007년 6월에 발생한 미국 국방부 펜타곤Pentagon 해킹이에요. 미국 국방부는 당시 "펜타곤에 대한 가장 성공적인 공격"이라고 발표했죠. 침입자가 누군지 밝히지는 않았어요.

그러나 펜타곤 안팎에서는 중국인민해방군PLA의 소행이라고 공공연히 얘기했죠. 중국 해커들이 수개월에 걸쳐 집요하게 공격했다는 겁니다. PLA가 언제든지 펜타곤에 침투해 네트워크를 교란시킬 수 있는 능력을 보여줬다는 얘기도 나왔죠. 아마도 중국 정부는 그런 일 없다고 부인했을 거예요.

AP통신은 후속으로 해외여행을 갈 때는 노트북 PC를 잘 간수해야 한다는 내용의 기사도 내보냈어요. 정보를 도둑맞지 않으려면 해외여행을 떠날 땐 컴퓨터를 집에 두고 가라. 굳이 가져가려거든 가능한 한 많은 파일을 빼놓고 가라. 가져가는 파일에는 암호를 걸어둬라. 상식적으로 이해할 만한 얘기죠.

사실 그래요. 우리나라 사람들은 해외에 나갈 때 아무 생각 없이 노트북을 가지고 가는 것 같습니다. 공무원의 노트북이라면 국가기밀이 캐비닛 한두 개 분량은 들어 있을 텐데 말입니다. 노트북을 분실하면 어떻게 되겠어요. 또 누군가 작심하고 훔치려고 접근한다면……. 차제에 해외여행자 노트북 보안을 강화해야겠어요.

댓글(1)

이름 | 비밀번호 | 블로그 또는 이메일 주소

돌 "공무원 노트북이라면 국가 기밀이 캐비닛 한두 개 분량은 들어 있을 텐데"는 잘못 짚은 겁니다. 공무원은 해외 출장 시 공용 컴퓨터를 가지고 갑니다. 개인 PC는 데스크톱이고 노트북은 부서별로 함께 사용하므로 자료를 여기에 잘 넣지 않습니다.

광파리 지적 감사합니다. 돌 님의 지적이 맞다면 다행입니다. 기업의 경우에는 대개 회사에서 쓰는 노트북을 그대로 가져간다고 하네요. 다만 대기업에서는 노트북을 철저히 암호화해놓기 때문에 분실하더라도 본인이 아니면 열어보지 못한대요. 문제는 중소기업이나 전문직 종사자들이죠. 아무런 보안장치도 없이 들고 나가는 경우가 대부분이라네요.

☐ 텍스티콘

블로그 | 포토로그 | 북마크 | 방명록 2008. 6. 5

홍콩·중국 도메인 조심하세요 | [정보보안]

웹서핑을 하다 보면 불안할 때가 있어요. 자신도 모르게 악성코드가 깔릴 수도 있으니까요. 실제로 그런 경험도 많이들 했고요.

이런 사람들에게 희소식이 있습니다. 특정 사이트가 안전한지 위험한지를 간편하게 알아볼 수 있는 방법이 있다네요. 세계 1위 보안업체인 맥아피의 사이트어드바이저(www.siteadvisor.com)에서 확인하고 싶은 사이트 주소를 입력하면 5초 이내에 진단이 나와요. 물론 공짜죠. 한경닷컴 사이트 주소인 “www.hankyung.com”을 입력했더니 “특별한 문제가 발견되지 않았다”면서 녹색 체크가 뜨네요. “1999년 개설, 한국, 사용자 많음” 등의 메시지도 함께 뜨고요.

맥아피가 이 기술을 이용해 265개국에서 운영 중인 990만 개 사이트의 안전도를 진단했어요. 그 결과를 2008년 6월 4일 발표했는데, 홍콩 도메인(.hk)이 가장 위험하대요. 그 다음으로는 중국 도메인(.cn)이 위험하고요. 홍콩 도메인 위험률은 19.2%나 된다고 하네요. 5개당 1개꼴로 위험하다는 거죠. 중국 도메인 위험률은 11.8%

입니다.

어떤 사이트를 위험하다고 판단하는지에 대한 자세한 기술적인 사항은 모르겠어요. 보도자료를 보면 접속하는 순간 애드웨어, 스파이웨어, 바이러스 등이 자동으로 깔리거나, 팝업창이 많이 뜨고 닫아도 끝없이 뜬다거나, 이런 것을 "위험하다"고 판단한다고 적혀 있네요.

맥아피의 사이트어드바이저 화면.

일반 도메인으로는 인포메이션 도메인(.info)이 제일 위험하대요. 위험률은 11.7%입니다. 우리나라에서는 많이 쓰지 않으니까 일단 안심입니다. 세계적으로 가장 널리 사용하는 닷컴 도메인(.com)은 위험도가 5.26%니까 중간쯤 되겠죠?

역시 국가 도메인(.gov)이 가장 안전하군요. 위험도가 0.05%에 불과하다고 하네요. 가장 안전한 국가 도메인은 핀란드(.fi)고, 그 다음은 일본(.jp)이에요.

이번 조사로 홍콩은 불명예를 안게 됐지만, 홍콩 도메인이라고 해서 홍콩 사람들이 만든 사이트란 뜻은 아니에요. 홍콩 도메인의 위험도는 2007년 28위에서 올해 1위로 치솟았어요. 한꺼번에 여러 도메인을 등록할 수 있게 하는 등 규제를 확 풀어버린 탓이라고 하네요. 규제완화가 반드시 좋은 건 아닌가 봅니다. 중국도 비슷해요. 도메인 등록비가 싸서 나쁜 놈들이 몰렸다고 보고 있어요.

그렇다면 한국 도메인(.kr)은? 위험도가 2.39%로 2007년 2.64%에 비해서는 좋아졌는데 아시아 국가 중에서는 7번째로 나쁩니다. 또 있어요. 이메일 공세를 펼치는 사이트 비율이 9.16%로, 중국(39%), 홍콩(31%) 등에 이어 세계 5위예요. 그래도 2007년 19.57%에서 10% 포인트 이상 떨어졌다니 다행이네요.

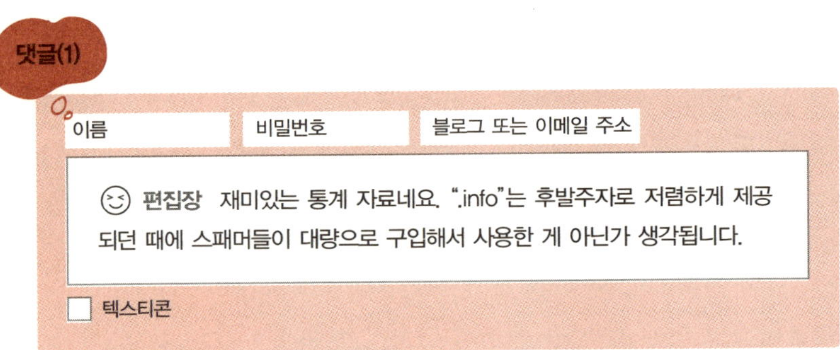

중요한 파일 숨겨놓는 디지털 금고 나왔다 | [정보보안]

직장 동료나 친구가 노트북 PC를 하루만 빌려달라고 하면 여러분은 어떻게 하세요? 망설이시나요? 당분간 노트북을 쓸 일이 없어도 빌려주기 싫으시죠? 어느 누구에게도 보여주고 싶지 않은 뭔가가 저장돼 있기 때문이겠죠. 중요한 기밀문서랄지 은밀히 저장해둔 개인적인 파일이랄지…….

그런데 빌려주지 않는다고 모든 문제가 해결되는 것은 아닙니다. 누가 노트북을 훔친다면? 깜박하고 지하철에 노트북 가방을 놓고 내린다면? 그럴 땐 꼼짝없이 당하겠죠. 노트북을 가지고 다니지 않으면 안심이겠지만 어디 그럴 수 있나요.

이런 고민을 한 방에 날려버릴 수 있는 방법은 없을까요? 있습니다. 저도 최근에야 알았는데 눈길이 가는 제품입니다. 누구나 쉽게 사용할 수 있고 가격도 3만 원 정도로 쌉니다. 뭐냐고요? 바로 맥아피가 내놓은 안티쎄프트 Anti-Theft란 보안 소프트웨어입니다.

맥아피의 안티쎄프트 판매 사이트.

맥아피 보안 소프트웨어 안티쎄프트

맥아피가 어떤 회사인지는 아시죠? 세계 최대 보안소프트웨어기업, 미국 캘리포니아 산타클라라에 본사가 있고, 100여 개 국가에서 사업을 하는 글로벌 기업입니다. 한국에도 현지법인인 한국맥아피가 있죠. 이 회사로부터 안티쎄프트 홍보용 제품을 하나 얻어 사용해봤습니다. 결과는 대만족! 굿입니다.

안티쎄프트가 뭘까요? 한 마디로 '디지털 금고Digital Vault' 입니다. 안티쎄프트를 노트북에 깔면 바탕화면에 금고 아이콘이 생깁니다. 이걸 마우스로 클릭해 실행한 다음 "Create(생성)"를 누르면 금고가 생기고요. 남에게 보여주기 싫은 파일을 이곳으로 옮기고 "Lock(잠금)"을 누르면 금고가 잠기지요.

'디지털 금고'에 넣어둔 파일은 해커도 못 찾아

금고가 잠기면 어느 누구도 열 수 없답니다. 파일을 256비트 암호로 처리해서 저장한다고 하더군요. 이걸 풀려면 수천 년, 수만 년이 걸린다는데 저는 해킹 전문가가 아니라서 도통 무슨 말인지 모르겠네요. 컴퓨터 어디를 뒤져도 금고에 숨긴 파일은 나타나지 않습니다. 해커가 침입해도 찾지 못한답니다.

이 금고를 열려면 패스워드를 입력해야 합니다. 저는 긴 패스워드를 입력했습니다만, 패스워드를 잊어버릴까 걱정하지 않아도 된답니다. 금고 주인은 쉽게 찾을 수 있으니까요. 안티쎄프트 소프트웨어를 깔 때 세 가지 질문을 선택해 답하는 과정이 있는데, 이때 자신만이 알 수 있는 문답을 고르기만 하면 된대요.

국내에도 곧 출시, 개인과 중소기업이 타깃

더 구미가 당기는 건 가격입니다. 달랑 29.99달러. 우리 돈으로 3만 원이 조금 넘습니다. 우리나라에서도 2008년 하반기에 출시될 예정이라는군요. 타깃은 개인, 자영업자, 중소기업이랍니다. 물론 노트북뿐만 아니라 데스크톱에도 유용하지요. 용량은 4기가바이트입니다.

맥아피가 발표한 보도자료에 따르면 소비자 10명 중 9명이 개인정보를 PC에 저장한답니다. 남이 봐선 안 되는 정보를 저장하고 있는 사람도 절반이 넘는대요. 도난당한 PC가 연간 200만 대나 된다니 조심해야겠네요.

댓글(4)

이름 | 비밀번호 | 블로그 또는 이메일 주소

마구잡이 암호화 알고리즘을 개발할 경우, 미국은 국무부에 신고해야 상업적인 사용이 가능합니다. 미국 정부는 암호화 복호화 과정을 거치는 암호 체계를 풀 수 있다고 보시면 됩니다. 그리고 미 국무부는 미 자본과 밀접한 연계를 지니고 있습니다. 결국에는 기득권과 연결된 미국 기업이 암호를 풀고자 하면 얼마든지 풀 수 있다는 결론입니다.

ykorea 미국이 암호 알고리즘을 개발해서 신고하고 사용하는 건 맞는데(이 경우도 100% 맞는 것도 아닙니다), 미국 정부는 어떻게 암호를 풀 수 있나요? 예를 들어서 현재까지 가장 많이 쓰고 있는 AES(Advanced Encryption Standard)만 사용해도 현재의 컴퓨팅 파워로 수십 년이 걸릴 텐데 말입니다. AES에 골든키(어떤 암호도 풀 수 있는 키)가 있을 수 없다는 것은 알고리즘을 조금만 들여다보아도 알 수 있고요. 뭐, 돈 얘기를 하시는데, 돈으로 수천 대의 컴퓨터를 사서 병렬 처리를 하면 풀 수야 있겠죠. 아니면 뭐 슈퍼컴퓨터로 푼다는 가정으로 쓰신 건가요. 미 국방부가 어떤 곳인지 잘 모르시는 것 같은데, 슈퍼컴퓨터가 있는 건 맞지만, 그 용도가 컴퓨터로 한가롭게 암호나 풀려고 만든 건 아닙니다.-_-; 물론 암호화 알고리즘 중에서 풀리지 않는 암호라는 것은 존재하지 않고, brute-force로 푼다고 가정했을 때 적게는 수 년, 많게는 수십, 수백 년 이상 걸려서 풀어봤자 쓸모가 없으니 완벽하다고는 말할 수 없지만, 안전하다고 말할 수 있는 겁니다. 좀 부정확한 정보인 것 같아서 댓글을 달아봅니다.

☺ **loys** ykorea 님의 말씀은 언뜻 들으면 맞는 듯하면서도 꼭 맞다고도 할 수 없습니다. 그렇게 따지면 그 유명한 DVD의 암호 해킹이나, 이번에 세계를 놀라게 한 핀코드 해킹은 어떻게 이뤄졌겠습니까. DVD의 암호 코드만 해도 풀려면 님 말씀대로 슈퍼컴퓨터를 동원해도 엄청난 시간이 걸린다고 했는데 어이없이 뚫려서 지금 우리가 열심히 DVDRIP을 감상하고 있고, 핀코드 같은 경우는 개발자들이 절대 불가능하다고 했는데, 뚫려 버려서 엄청난 피해가 났잖아요. 사람이 만든 것이라면 역시 사람이 풀 수도 있겠죠.

☺ **이드,,,** 오픈 소스 프로그램 중에 truecrypt라는 게 있습니다. 오픈소스라 무료지만 기능은 이 프로그램에 결코 뒤지지 않는다고 생각합니다.

□ 텍스티콘

블로그 | 포토로그 | 북마크 | 방명록 2008. 7. 5

리투아니아 해킹 사고에 우리가 놀라는 까닭은 | [정보보안]

"가까운 장래에는 오프라인 전쟁터에서는 싸움이 많이 발생하지 않을 것이다. 인터넷 공간에서 정보로 무장한 사람들이 싸우게 될 것이다. 이들이 바로 해커다. 소수의 해커가 수천 명의 무장 군인보다 강하다. … 국방위원의 한 사람으로서 … 이제부터 여러분의 노고가 헛되지 않게 되길 기대한다."

러시아 의원이 슬라빅 유니언Slavic Union이라는 극우 해커 집단에 보냈다는 편지의 일부입니다. 이 편지가 미국 언론에 공개된 이유는 뭘까요? 미국이 러시아를 향해 "다 알고 있으니 까불지 말라"고 경고한 걸까요? 이는 리투아니아에서 발생한 조직적 해킹 사고와 관련을 지어 생각해봐야 될 것 같습니다.

리투아니아 정부 및 기업 사이트 300여 개가 해킹당해

2008년 7월, 리투아니아에서 해킹 사고가 발생했는데, 정부와 기업 사이트 300여 개가 해킹을 당해 변조됐다고 하네요. 사이트에는 소비에트를 찬양하고 리투아니아를 비난하는 슬로건이 요란스럽게 게시됐대요. "러시아에 대한 외부 위협에 맞서 해커들이 뭉쳤다"는 글도 있고요.

리투아니아 정부는 "해외에서 침입한 공격"이라고만 밝혔는데, 미국 언론은 여러 정황을 들어 러시아 해커 집단의 소행이라고 보도했어요. 리투아니아가 최근 2차 대전 훈장 등 옛 소련 유물을 전시하지 못하게 하는 법률을 제정했는데, 그게 화근이었다는 거죠. 이 과정에서 러시아 의원의 편지가 공개된 겁니다.

미국의 동유럽 미사일 기지 구축과도 관련 있어

배후에 뭔가 있는 것 같지 않아요? 맞아요. 미사일 방어 기지 협상과 관련이 있어요. 미국이 헝가리에 10개 미사일 기지를 구축하려고 협상을 벌이고 있는데, 18개월이 지나도록 지지부진하대요. 헝가리가 미사일 기지를 구축하는 대가로 자기 나라 공군을 대폭 지원해달라고 강력히 요구하고 있기 때문이죠.

이 대목에서 미국이 지렛대로 쓰려고 꺼낸 카드가 리투아니아예요. 리투아니아와 물밑 접촉을 벌인 거죠. 리투아니아 총리가 워싱턴을 방문한 것도 관련이 있지요. 미국은 리투아니아 총리가 콘돌리자 라이스Condoleezza Rice 미 국무부 장관을 만난 직후 "리투아니아에 미사일 기지를 세우는 방안을 추진할 수 있다"고 발표했어요.

러시아는 즉각 반발하고 나섰죠. 리투아니아에 미사일 기지를 구축하면 발틱 지역에 대한 안보정책이 달라질 수 있다며 침공도 불사하겠다는 뜻을 내비쳤지요.

선후를 따지면 해킹이 먼저예요. 하지만 리투아니아 총리가 워싱턴으로 향할 무렵 러시아가 폭발 지경에 이르렀을 것이란 추론이 가능하겠죠.

에스토니아에 이어 두 번째, '사이버 냉전' 위협 커져

사실 홈페이지 변조는 대단한 사건이 아니지요. 국내에서도 남의 홈페이지를 해킹해 쑥대밭을 만들어놓곤 하잖아요. 하지만 이번 사태가 갖는 의미는 매우 크다고 생각해요. 2007년에 미국 보안업체 맥아피가 경고했던 '사이버 냉전' 위협이 갈수록 커지고 있다는 얘기죠.

리투아니아 해킹 사고는 이보다 1년 전에 발생한 에스토니아 네트워크 마비 사태와 닮았다는 점에서도 주목을 받고 있어요. 2007년 4월과 5월에 걸쳐 에스토니아 정부, 기업, 은행 등의 네트워크가 열흘 가량 전면 마비된 국가비상사태가 발생했지요. 아마 '최초의 본격적인 사이버 냉전'으로 기록될 겁니다.

그 무렵 에스토니아는 수도 한복판에 있는 옛 소련 적군 동상을 외곽으로 옮겼지요. 러시아가 이에 대해 항의한 직후에 해킹 사고가 발생했습니다. 에스토니아는 러시아 소행이라고 주장했지만 러시아는 부인했죠. 봇넷을 동원한 DDoS 공격이라서 러시아한테 뒤집어씌우기도 곤란한 상황이었어요.

발표된 해킹은 빙산의 일각, 밤낮없이 공방전 펼쳐질 것

이런 조직적인 해킹은 발트해 연안에서만 발생한 건가요? 아니죠. 2007년, 미국과 독일이 중국 해커 집단한테 당했다며 얼마나 길길이 날뛰었습니까. 언론에 보도된 것은 빙산의 일각에 불과하대요.

그렇다면 우리나라는 안전할까요? 아마도 우리가 모르는 사이에 밤낮으로 공방전이 펼쳐지고 있을 겁니다.

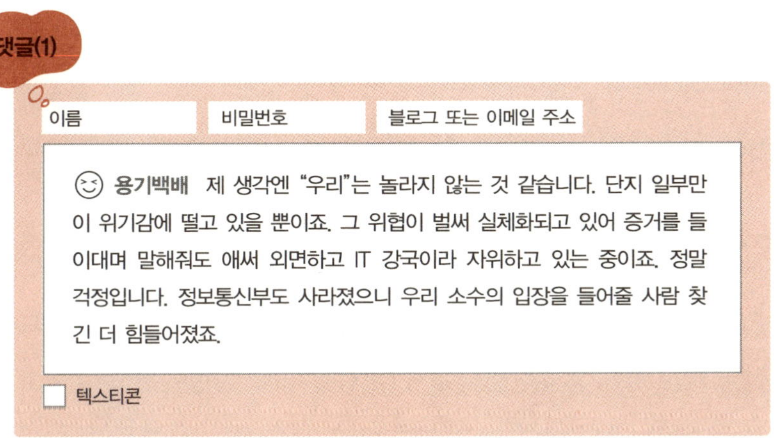

휴가 길에 노트북 가져가려는 분들께 경고합니다! | [정보보안]

여름휴가를 떠날 때 노트북을 가져갈까, 두고 갈까? 호텔에서도 인터넷에 접속할 수 있겠지? 누구나 한 번쯤은 이런 고민을 했을 겁니다. 모든 것 팽개치고 세상 잊고 놀다 와야지 하면서도 노트북과 인터넷에 자꾸 미련이 남지요. 우리의 '인터넷 중독'이 생각보다 훨씬 심각한 모양입니다.

그런데 피서지에 노트북을 가져가려는 분들, 조심하셔야겠어요. 미국의 포네먼인스티튜트Ponemon Institute가 발표한 자료를 보니 공항에서 노트북을 잃어버리는 사람이 정말 많네요. 미국 106개 공항에서 분실하거나 도난당한 노트북이 매주 1만 2,000대, 연간 60만 대나 된대요.

노트북 잃고 나면 어떻게 되겠습니까. 그걸 찾느라 허겁지겁 뛰어다니고 비행기 놓치고 동료들한테 온갖 비난 다 듣고……. 노트북 200만 원이 문제가 아니죠. 모처럼 준비한 여행이 엉망이 되고 말 것입니다. 그뿐인가요. 노트북에 중요한 파일이라도 들어 있다고 생각해보세요. 잠이나 제대로 오겠어요.

공항에서 잃어버린 노트북, 찾을 확률 33%에 불과해

잃어버린 노트북을 찾을 확률은 얼마나 될까요? 33%밖에 안 된대요. 67%는 끝내 주인을 찾지 못하고 창고에 보관되다가 끝내 처분된다고 하네요. 또 33% 중에서 이륙 전에 찾은 사람은 17%, 그러니까 노트북을 잃고 나면 제때 비행기를 타고 떠날 확률이 17%에 불과하다는 얘기죠.

노트북 분실이나 도난, 남의 얘기 같죠? 당한 사람들한테 "왜 그랬느냐"고 물었대요. 복수로 응답하게 했는데, "마음이 조급해서(70%)", "소지품이 너무 많아서(69%)", "비행기 시간이 촉박해서(60%)"였대요. 이게 무얼 의미하겠어요. 집에서 늦게 출발해 마음이 조급하다 보면 그런 일이 생긴다는 뜻이죠.

노트북에 중요 정보 담겼다 53%, 분실 · 도난 걱정된다 57%

포네먼인스티튜트의 조사는 비즈니스 여행자 864명을 대상으로 실시되었는데요. 응답자 중 53%가 노트북에 중요한 정보가 들어 있다고 답했고, 노트북을 분실, 도난당할까 걱정된다는 응답률도 57%나 됐대요. 휴가를 떠나는 경우, 노트북 소지 비율은 더 낮겠지만 마음이 들떠 허둥댈 가능성은 비즈니스 여행보다 더 크겠죠.

노트북에 중요한 정보가 담겼다고 응답한 여행자들에게 더 물었죠. 그 정보를 어떻게 보호하느냐고요. 그랬더니 패스워드가 45%, 전체 디스크 암호 처리가 19%, 파일 암호 처리가 19%, 바이오 기술 이용이 5%였고요, 어떻게 할지 모른다는 응답자도 34%나 됐대요. 셋 중 한 명은 그냥 들고 나간다는 거죠.

그렇다면 결론은 자명하네요. 휴가를 떠날 땐 웬만하면 노트북은 두고 가라. 이거 아니겠어요? 그래도 가져가야겠다는 분들을 위해 광파리가 팁을 좀 드릴게요. 포네먼인스티튜트가 조사자료 뒤에 덧붙인 건데 쓸모가 있을 것 같네요.

노트북에 이름표 달고 휴대전화번호 써놓아야

첫째, 노트북에 이름표를 달아라. 휴대전화번호는 물론 집과 직장 전화번호도 써놓아라. 무슨 뜻인지 아시겠죠? 공항 직원이 주인 없는 노트북을 발견해도 이름표가 없으면 찾아줄 길이 없다는 거죠. "검은색 노트북 분실하신 분, OO로 오세요"라고 방송하는 것과 휴대전화로 연락하는 것과는 비교가 안 되죠.

둘째, 공항에는 여유 있게 도착해라. 두말하면 잔소리죠. 허둥대면 사고 칠 확률이 커지니까 일찍 도착해 차분히 수속을 밟아야겠죠.

셋째, 들고 가는 짐을 줄여라. 보안검색대를 통과한 뒤나 대기실 의자에서 TV를 보다가 일어날 때 짐을 잘 간수해라. 특히 대기실에서 넋 놓고 TV를 시청하다가 분실하는 경우가 많대요. 슬쩍 짐을 가져가도 모를 정도로 빠지면 곤란하겠죠. 화장실에 가면서 동료한테 지켜달라고 부탁하는 것도 위험하대요.

넷째, 중요한 정보는 빼놓고 가거나 적절한 보호 조치를 취해라. 휴가라면 웬만한 파일은 죄다 외장 메모리에 옮겨놓고 부담 없이 가져가는 게 좋겠죠. 최근에는 노트북을 분실할 경우 원격으로 파일을 삭제하는 서비스도 나왔대요.

기타

엄마가 아기를 이베이 경매에 올렸다고? | [기타]

2008년 5월 24일의 일입니다. 독일 뮌헨 서쪽의 바바리안이란 도시에 사는 23세의 엄마가 7개월 된 아기를 이베이 경매사이트에 올렸대요.

"갓난아기를 매물로 내놓습니다. 요즘 너무 시끄럽게 울어대서요. 아들이고, 키는 70cm예요." 아기 사진 옆에 이런 글을 쓰고 경매 시초가 1유로(약 1,650원)에 내놨어요.

아기 매물이 올라오자 이베이 고객들은 기겁했죠. 경찰서 전화가 불이 났대요. 경찰이 즉각 이베이 측에 전화를 걸었겠죠. 그때까지 응찰자는 단 한 사람도 없었다고 하네요. 이베이는 게시물을 2시간 30분 만에 삭제했고, 경찰은 게시자인 아기 엄마와 남편(24세)을 연행해 조사했대요.

그런데 아기 엄마가 뭐라고 했는지 아세요? 일간신문 데어빌트 Der Bild의 보도에 따르면 "장난으로 그랬어요. 사려는 사람이 나오는지 보려고 그랬을 뿐이에요"라고 말했답니다. 진짜인지 변명인지, 원. 경찰도 믿지 못하겠대요. 그래서 아기는 보호소로 데려갔고

부모에 대해서는 정신감정을 하기로 했다는군요.

아기 엄마는 이베이에서는 '괜찮은 판매자'라고 하네요. 그동안 174개의 아이템을 판매했는데, 구매자들의 반응이 긍정적이었다는 거죠. 이베이 규정에는 사람이나 신체 일부를 판매하는 것은 금하고 있는데 왜 2시간 30분 동안이나 아기를 판다는 게시물이 버젓이 올려져 있었던 것인지…….

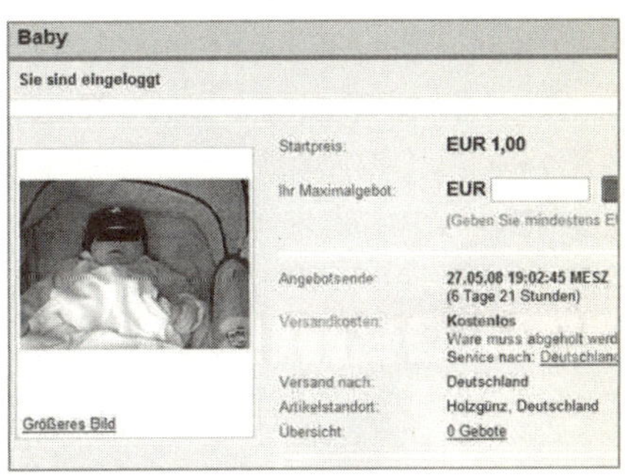

데어빌트 사이트에 올려진 아기 경매 게시물.

아무튼 독일 엄마 너무했네요. 남편이랑 오빠들이 다들 재밌을 것 같다고 했다나 어쨌다나. 장난칠 게 따로 있지. 독일 아기들, 함부로 울지도 못하겠어요.

후기

독일 경찰은 조사 결과 장난삼아 벌인 일이라고 결론을 내리고 부모를 돌려보냈다고 합니다. 아기도 집으로 보냈답니다. 해프닝으로 끝난 셈이네요.

요구만 하면 키스해주는 걸프렌드 로봇 나왔다 | [기타]

카테고리 V
전체보기(51)
통신 (011)
휴대전화 (012)
컴퓨터·단말기 (006)
게임 (003)
인터넷 (007)
정보보안 (007)
기타 (005)
검색

로봇 강국인 일본에서 재미있는 로봇이 개발되었네요. 세가토이즈Segatoys가 외로운 남자들을 위해 에마E.M.A.라는 여성 휴머노이드 로봇을 선보였는데요. 1만 8,900엔, 우리 돈으로 약 18만 원에 판매하겠답니다.

에마는 키가 38센티미터니까 바비 인형만 하겠네요. 소재는 ABS수지고 배터리로 작동한대요. 알칼리전지 6개를 넣게 되어 있답니다. 대상 연령은 10세 이상인데, 20세 이상 남자를 타깃으로 잡고 있대요. 일본 유명 백화점이나 양판점, 완구점 등에서 판매할 예정이랍니다. 2008년 판매 목표는 1만 대.

에마의 머리, 손, 팔, 다리 등에는 장애물센서, 각도센서, 음향센서 등 각종 센서가 내장돼 있고, 두 손에는 4방향 포지션센서가 탑재돼 있답니다. 그래서 다양한 행동을 할 수 있대요. 두 발로 걷는 것은 물론 명령에 따라 노래를 부르고, 춤을 추고, 사람 얼굴에 키스도 한대요. 명함을 주고받을 수도 있고요.

세가토이즈는 "매우 사랑스럽습니다. 사람은 아니지만 진짜 여

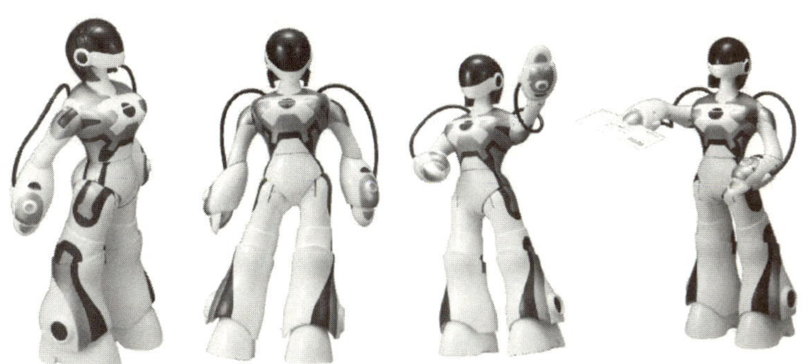

세가토이즈가 선보인 여성 휴머노이드 로봇 에마.

자 친구처럼 행동할 수 있죠"라고 소개했답니다.

아시다시피 일본은 로봇 강국이잖아요. 세계적으로 산업용 로봇이 80만 대 가량 보급돼 있는데, 절반이 일본산이라고 하네요. 일본은 10년쯤 지나면 로봇을 비롯한 인공지능 시장이 100억 달러에 달할 것으로 보고 있대요.

에마가 국내에도 들어올까요? 우선 일본에서 많이 팔려야겠죠. 그런데 성인 남자 중에 18만 원이나 주고 에마를 사서 가지고 놀 사람이 얼마나 될까요? 제품 컨셉트는 재미있는데 많이 팔릴지 어떨지에 대해선 잘 모르겠네요.

얼리어댑터early adopter는 리더십이 강하고 거만하다 | [기타]

휴대전화나 노트북 PC 관련 신제품이 나오면 잠시도 참지 못하고 바로 구매하는 사람들이 있지요. 흔히 이런 사람들을 얼리어댑터라고 하는데, 여러분 주위에도 있지 않나요? 그런데 혹시 그 친구 좀 거만하지 않던가요? 리더십도 강하고? 그렇죠? 최근 미국에서 이런 내용의 보고서가 나왔네요.

인터넷 광고회사인 마인드셋미디어Mindset Media가 발표한 얼리어댑터 성향에 관한 보고서인데요. 2008년 3월 닐슨온라인Nielsen Online과 공동으로 미국 성인 2만 5,000명을 대상으로 조사한 결과래요.

한마디로 얼리어댑터는 리더십, 역동성, 자기주장이 강한 반면 겸손하지 않다. 그래서 거만하다는 말도 듣는다. 이거예요. 나이, 성별, 소득 수준을 불문하고 테크놀로지 컨슈머technology consumer는 다 그렇더라는 겁니다.

마인드셋미디어는 인간의 성향을 개방성, 창의성, 자존심, 자발성 등 20가지로 구분해 각각에 대해 1부터 5까지 점수를 쓰게 했대요. 5를 썼다면 그런 성향이 매우 강하다는 뜻이고, 1을 썼다면 그런 성향이 매우 약하다는 뜻이죠.

그런데 '리더십'에서 5를 쓴 사람의 68%는 최근 2년 새 노트북을 3대 이상 구매했다는 거예요. 또 '자기주장'에서 5를 쓴 사람의 62%가 새 휴대전화가 나오면 곧장 산다고 답했대요. '활동성'에서 5를 쓴 사람의 58%는 최근 2년간 평면 TV를 3대 이상 샀고…….

마인드셋미디어는 이런 사람들을 더욱 자세히 분석했답니다. 그 결과, 아이디어와 비전을 가지고 있는 리더형으로 항상 중심에 선다는 사실을 알아냈고요. 아마 단체사진을 찍을 때도 한복판에 설 거예요. 가장자리나 뒷자리에 서는 사람이 아니죠. 또 자기가 무얼 해야 하는지 확실히 알고 있대요. 이런 인간을 '알파독alpha dog'이라 하나요?

얼리어댑터의 단점이라면 때로는 독선적이고 거만하다는 거래요. '겸손'이란 항목에서 1을 쓴 사람의 45%가 새로운 휴대전화 모델이 나오면 바로 바꾼다고 답했다고 하는데, 이런 사람들은 대개 '명품족badge-buying'이라고 하네요. 온통 럭셔리 브랜드로 치장하고 친구들 앞에 나서면 거만하다는 말도 듣겠죠.

댓글(1)

이름 | 비밀번호 | 블로그 또는 이메일 주소

김기자 성향 분석을 잘 했네요. 때로는 결과를 예측하고 조사하기도 하는데 얼리어댑터들의 잠재적인 심리도 '거만' 하죠. 모두가 그렇다는 얘기는 아닙니다. 재미있는 분석에 사실이 들어가니 흥미롭네요. 제 예측과 비슷하니 더욱 그렇고요. ㅋㅋㅋㅋ

☐ 텍스티콘

"제 인생을 경매에 부칩니다" | [기타]

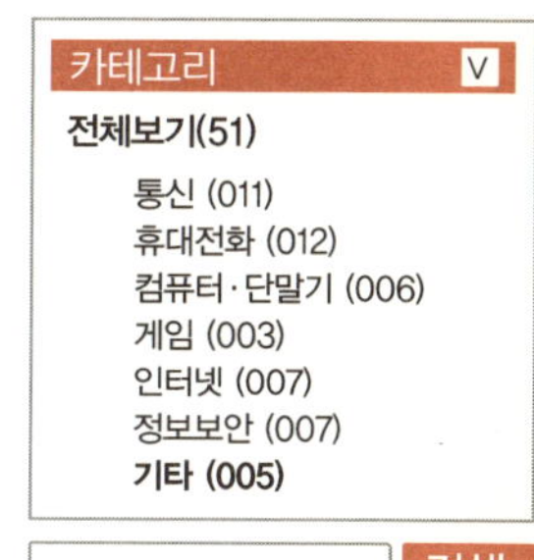

세상에서 가장 좋은 여자랑 7년 사귄 끝에 결혼해 5년 동안 함께 판타스틱하게 살았습니다. 세상에서 가장 아름다운 나라의 판타스틱한 도시에서. 저는 모든 걸 다 바쳐 제 여자를 사랑했지요. 여자도 저를 사랑했고요. 저는 스카이다이빙, 스노보드, 제트스키 등 판타스틱한 레저를 즐기며 살았습니다.

호주의 중년 사내가 자기 자신을 이베이 경매에 부치면서 인터넷에 올린 글의 요지입니다. 사내 이름은 이안 어셔, 나이는 44세. 7년 전 영국에서 이민을 왔다고 합니다. 세상에서 가장 좋은 여자랑 살다가 이혼한 다음, 자신의 삶을 경매에 부쳤대요. 집, 자동차, 가구 등 모든 소유물과 함께 말이죠.

경매는 일주일 동안 진행됐습니다. 결과는? 39만 9,300호주달러에 낙찰되었습니다. 우리 돈으로 4억 원쯤 되겠죠. 어셔 씨는 원래 50만 호주달러를 받길 희망했다네요. 번듯한 집에 마쓰다 자동차, 텔레비전, 제트스키 등을 모두 포함해서라니, 헐값 아닌가요?

어셔 씨가 살고 있는 판타스틱한 곳이 어디냐 하면 호주 서부지

어셔가 경매를 위해 만든 사이트 초기화면.

역 중심지인 퍼쓰란 곳이에요. 이 사내는 1963년 영국 북동부 달링턴에서 태어나 리버풀에 있는 대학에서 교육학을 공부했다고 해요. 졸업 후 이런저런 일을 하다가 새롭게 살고 싶어 2001년 여자친구 로라와 함께 호주로 이민했대요.

그러나 이혼과 함께 꿈은 사라졌고, 결국 자신의 삶을 경매에 부치게 됐죠. 처음엔 경매 열기가 뜨거웠다네요. 호가가 220만 호주 달러(약 22억 원)까지 치솟았는데, 알고 보니 가짜였대요. 경매 시스템 오류로 비등록자들이 장난쳤다는 거죠. 결국 희망가보다 낮은 가격에 낙찰됐는데 어셔 씨는 괜찮대요.

자기 삶을 사간 사람이 누군지는 아직 모른다고 하네요. 지금부터 알아보겠답니다. 그는 인터뷰에서 이렇게 말했대요. "한쪽 주머니엔 지갑, 다른 주머니엔 신분증을 넣고 문을 나서렵니다. 다른 건 아무것도 필요 없어요. 그리고 기차를 타고 아무 생각 없이 어딘가로 떠날 겁니다. 미래가 부르는 곳으로."

소설 같은 얘기네요. 해외 IT업계 동향을 알아보려고 인터넷을 서핑하다가 어셔 씨 얘기를 읽었는데, 마음이 착잡해지더군요. "얼마나 아내를 사랑했으면……" 하는 생각도 들었습니다.

도대체 어떤 인간일까? 궁금해서 인터넷을 뒤져봤어요. 아, 잘생겼어요. 짧은 스포츠 헤어스타일에 약간 길쭉한 두상, 어딘가 우울해 보이긴 하지만 멀쩡하고 핸섬한 중년 남자예요. AP통신 기자에게 집안 곳곳을 소개하기도 하고, 친구들과 함께 술잔을 들기도 하는 그에게서 인생의 패배자란 느낌은 전혀 들지 않더라고요.

그런데 자신의 삶을 경매에 부친 사람은 그가 처음은 아니래요. 2001년에 존 프레이어라는 미국인이 "All My Life For Sale"이란 사이트를 열고 이베이를 통해 자신의 모든 것을 경매에 부친 적이 있대요. 이베이, 재밌는 곳이네요.

108세 최고령 블로거 올리브 님, 편히 잠드소서! | [기타]

"이번 주 어느 날 옆 침상에 누워 있는 페니의 딸이 방문했습니다. 이 딸은 프로 가수예요. … 어떤 일이 벌어졌는지 아세요? 그녀와 내가 '행복한 노래'를 부르기 시작했어요. 평소처럼 말이에요. 그러자 간호사들이 가세했어요. 노래를 같이 부른 거예요. 아주 합창이 되어버렸어요."

108세로 세계 최고령 블로거인 호주의 올리브 라일리 님이 마지막으로 쓴 글 중 일부입니다. 올리브 님은 이 글을 마지막으로 2008년 7월 12일, 세상을 떠났다고 하는군요.

오마이뉴스 시민기자인 에릭 샤클의 블로그(worldsoldestblogger.blogspot.com)에 올려진 올리브 님의 마지막 글을 읽으면서 왜 가슴이 미어지는지……. 시골에 계신 어머니 생각까지 나고 말입니다.

이 소식을 전한 에릭 샤클의 블로그에는 150개가 넘는 댓글이 달렸더군요. 시드니, 캘리포니아, 베이징 등 세계 각지의 네티즌들이 영면을 기원하고 있네요. 올리브 님의 블로그는 사망 이틀 후 폐쇄됐대요. 에릭 샤클에 따르면 올리브 님은 세상을 떠나기 한 달 전

심한 감기로 자신이 기거하는 요양원에서 몸져누우셨답니다.

올리브 님은 1899년 10월 20일 호주 브로큰힐에서 태어나 이곳에서 3명의 자녀를 키웠다고 하네요. 블로그는 2007년 2월 개설해 74개의 글을 올리셨는데 1900년대 초 어린 시절 얘기부터 호주 동부 워이워이에서 보낸 최근 삶까지 다양하다고 하네요. 나중에 짬을 내서 차분히 읽어볼까 해요.

올리브 님은 투병 중에도 날마다 '행복한 노래'를 불렀다고 했지요. 아마 지금도 전 세계 네티즌들의 댓글을 보며 '행복한 노래'를 부르고 있을 겁니다.

윌리엄 포크너William Faulkner의 《As I lay Dying》이란 소설이 생각나네요. 미국 남부를 무대로 한 소설인데요. 어머니가 죽은 뒤 가족 구성원 간의 갈등을 여러 사람의 관점에서 묘사하고 있죠. 결국 시신이 안치된 헛간을 아들이 태워버리죠.

제가 죽어 누워 있을 땐 과연 누가 진심으로 슬퍼할까? 빈소는 썰렁하지 않을까. 코딱지만 한 재산을 더 차지하려고 자식들이 싸우진 않을까. 눈을 감은 채 마지막 모습을 상상하다 보면 "착하게 살아야겠구나", "남을 도우면서 봉사하면서 살아야겠구나" 이런 생각을 하게 되죠. 눈을 뜨면 달라지지만.

블로고스피어는 참 대단한 것 같아요. 시간과 공간의 벽이 없고,

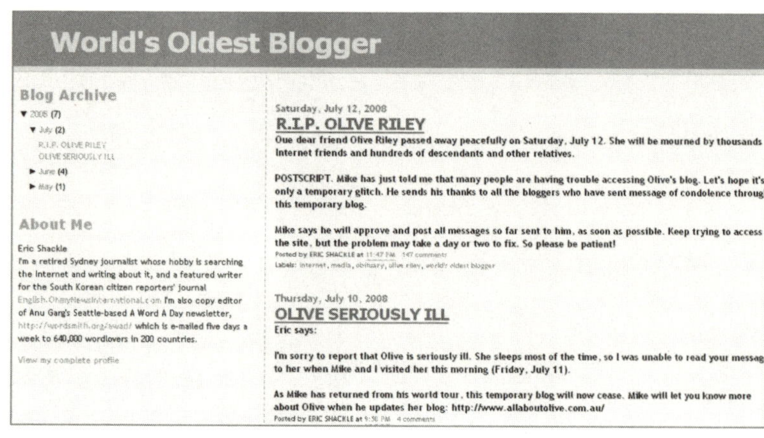

오마이뉴스 시민기자인 에릭 샤클의 블로그.

세대 간 벽도 없잖아요. 어른과 아이가 계급장 떼고 "맞장뜰" 수 있는 곳은 아마 블로고스피어밖에 없을 거예요.

저도 블로그를 개설한 뒤 젊은 독자들한테 많이 맞았어요. 그러면서 배웠죠. 아, 저렇게 생각할 수도 있겠구나.

올리브 님이 살아 계셨을 때 블로그 대화를 나누지 못한 게 아쉽네요. "평생 이렇게 잘 대접받은 적이 없어요. 간호사들이 더 이상 잘할 수 없을 만큼 잘해줘요." 올리브 님은 긍정적으로 생각하며 살았던 것 같아요. 참, 올리브 님의 별세 소식을 전한 에릭 샤클이 오마이뉴스 시민기자라니 대단하지 않나요?

파워블로거 광파리의 IT 이야기 **블로그 콘서트**

지은이 | 김광현
펴낸이 | 김경태
펴낸곳 | 한국경제신문 한경BP

제1판 1쇄 인쇄 | 2008년 8월 10일
제1판 1쇄 발행 | 2008년 8월 20일

주소 | 서울특별시 중구 중림동 441
기획출판팀 | 3604-553~6
영업마케팅팀 | 3604-561~2, 595 FAX | 3604-599
홈페이지 | http://www.hankyungbp.com
전자우편 | bp@hankyung.com
등록 | 제 2-315(1967. 5. 15)

ISBN 978 89 475-2630-2
값 12,000원